新型高职高专教育教材

高职学生核心职业素养培养实践

（修订本）

主　编　周黎华　莫海燕　王　灿

副主编　廖　芳　周婧婧　付漓漓　王　朵

　　　　罗瑞娟

编　委　韦志清　李彩鹏　韦　涛　张俊青

　　　　何夏玲　杨中陶　罗庆林　吴长苏

　　　　梁志宇　陈　江　朱青穗　陈肖妤

　　　　邓晓意　李思祁　王晓艳　陈业静

北京交通大学出版社

·北京·

内 容 简 介

本书结合高职院校的办学特色、技术技能人才培养规律与要求、高职学生的教育需求和接受特点，以敬业、诚信、专注、创新、服务为关键词，对在当前高职学生职业生涯发展过程中至关重要的核心职业素养进行解析，并采用多种形式的实践任务进行强化，使其在高职学生中内化于心、外化于行。本书突出的特点是：定位上的突破，注重职业性；体例结构上的突破，注重实践性；教育过程上的突破，注重体验性。

本书既可作为高职院校职业素养培育的教学用书，也可以作为高职学生锻炼社会实践能力、提高自身综合素质的学习指导用书。

图书在版编目（CIP）数据

高职学生核心职业素养培养实践/周黎华，莫海燕，王灿主编 . —北京：北京交通大学出版社，2019.9（2021.9 重印）

（新型高职高专教育教材）

ISBN 978 – 7 – 5121 – 4057 – 8

Ⅰ.①高…　Ⅱ.①周…　②莫…　③王…　Ⅲ.①大学生 – 职业道德 – 高等职业教育 – 教材　Ⅳ.①B822.9

中国版本图书馆 CIP 数据核字（2019）第 204910 号

高职学生核心职业素养培养实践
GAOZHI XUESHENG HEXIN ZHIYE SUYANG PEIYANG SHIJIAN

责任编辑：杨　青

出版发行：北京交通大学出版社　　　　　　电话：010 – 51686414　　http：//www. bjtup. com. cn

地　　址：北京市海淀区高梁桥斜街 44 号　　邮编：100044

印 刷 者：艺堂印刷（天津）有限公司

经　　销：全国新华书店

开　　本：185 mm×260 mm　　印张：6　　字数：150 千字

版　　次：2021 年 9 月第 1 版第 1 次修订　　2021 年 9 月第 3 次印刷

书　　号：ISBN 978 – 7 – 5121 – 4057 – 8/B · 26

印　　数：17 001 ~28 000 册　　定价：35.00 元

本书如有质量问题，请向北京交通大学出版社质监组反映。对您的意见和批评，我们表示欢迎和感谢。

投诉电话：010 – 51686043，51686008；传真：010 – 62225406；E-mail：press@ bjtu. edu. cn。

前言

党的十八大以来，以习近平同志为核心的党中央高度重视提高劳动者素质，强调要推动建设宏大的知识型、技能型、创新型劳动者大军，要完善现代职业教育制度，加快构建现代职业教育体系，创新各层次、各类型职业教育模式，为劳动者成长创造良好条件，培养更多高素质技术技能人才、能工巧匠、大国工匠。

推动高职院校学生实现全面发展，是职业院校基于时代诉求所亟待解决的重要课题，高职院校的培养目标，也对职业院校学生的核心素养进行了内在规定。

当前，我国正处在结构转型升级的关键时期，迫切需要数以千万计的高素质技能型人才，为快速发展的制造业、现代服务业和战略型新兴产业提供有力的人力资源支撑，职业教育则需要围绕中国制造转型升级所需的高素质技能型劳动者进行改革，高职学生亟待加强职业核心素养，提升职场竞争力。

职业核心素养是职业领域中的必备素养和关键能力，直接与职业环境和岗位能力对接，涉及个体的社会适应性、岗位竞争能力和职业发展性等。社会适应性是岗位竞争能力和职业发展性的前提和条件，通过岗位竞争能力获取的自信为社会适应性和职业发展性提供动力和保障，职业发展性体现出的幸福感则孕育了社会适应性的阳光心态和岗位竞争能力的积极精神。为遵循高职学生成长规律，增强职业教育针对性，结合高职院校培养特点及用人单位的需求，应从在校期间开始培养核心职业素养，即培养良好的职业道德、职业意识、职业行为习惯等。

高职院校作为培养高素质技能型人才的主阵地，在传承与培育工匠精神方面，肩负着义不容辞的职责和使命。首先，以工匠精神为核心的职业素养是职业人的核心竞争力，将工匠精神内化于意识，对所学专业产生归属感和自豪感，可以在以后的职业生涯中自觉规范自己的行为。其次是提升职业道德，以工匠精神规范自我，自觉遵守职业标准和程序，爱岗敬业，奉献社会，在实现社会价值的同时实现自我价值。最后是端正职业态度。工匠精神蕴含着认真严谨、一丝不苟的职业态度，能够促进个体钻研技术，掌握技能，提高工作效率。

I

"劳动模范是民族的精英、人民的楷模，是共和国的功臣。"2020年11月24日，习近平总书记在全国劳动模范和先进工作者表彰大会上强调，要大力弘扬劳模精神、劳动精神、工匠精神。劳模精神、劳动精神、工匠精神是以爱国主义为核心的民族精神和以改革创新为核心的时代精神的生动体现，是鼓舞全党全国各族人民风雨无阻、勇敢前进的强大精神动力。

本书就是在国家大力倡导劳模精神、劳动精神、工匠精神的前提下，结合对用人单位的跟踪调查以及对高职院校学生培养模式的综合分析，选取了敬业、诚信、专注、创新和服务五种对当前高职学生职业生涯发展至关重要的核心职业素养进行解析，并采用多种实践任务进行强化，使其在高职学生中内化于心、外化于行。

本书共包括六部分内容。前言部分为高职学生核心职业素养概述；第一篇为敬业篇，主要引导高职学生树立职业理想，培养其敬业乐群、忠于职守的敬业素养；第二篇为诚信篇，主要培养高职学生形成良好的行业品格和职业操守；第三篇为专注篇，主要培养高职学生形成业精于专、精益求精、创新进取的专注素养；第四篇为创新篇，主要培养高职学生提高创新意识，增强创新创造的能力和本领；第五篇为服务篇，主要培养高职学生形成良好从业习惯和生活方式的服务素养。通过培养个人良好的核心职业素养，才能将践行社会主义核心价值观落到实处。

编　者

2021年9月

目 录

CONTENTS

第一篇　敬业篇

> 建设知识型、技能型、创新型劳动者大军，弘扬劳模精神和工匠精神，营造劳动光荣的社会风尚和精益求精的敬业风气。
>
> ——2017 年 10 月 18 日，习近平在中国共产党第十九次全国代表大会上的报告

 任务单

任务目标	1. 加深学生对职业生活中的基本道德规范——爱岗敬业的认识和理解。 2. 引导学生自觉进行与职业活动相关的劳动习惯、劳动纪律、职业道德、职业操守等方面的自我教育，提高职业素质和能力。
任务项目	1. 通过微辩论活动导入问题：什么是敬业？为什么要敬业？爱岗敬业的基本要求有哪些？ 2. 进行理论学习和案例研讨，探索以上问题的答案，树立正确的敬业精神。 3. 完成实践任务，自觉遵守爱岗敬业这一基本的职业道德规范，提升职业素养，为未来就业做好准备。 4. 参与任务评价，记录实践感悟。
实践要求	1. 认真学习理论，搜集资料，积极思考，能够辩证地看待问题。 2. 积极参与实践任务，注重团队合作，注意安全。 3. 按要求提交实践作品，积极分享资料，巩固学习成果。 4. 客观公正地评价他人的实践作品。

 **活动导入**

任务名称	微辩论："爱一行干一行" VS "干一行爱一行"
任务描述	俗话说，爱一行干一行，可在当今社会中，干一行爱一行也被许多人奉作金科玉律。那么，是以兴趣爱好作为必要条件来选择职业，还是先选择一项工作再尝试爱上它呢？请同学们围绕这两种观点展开辩论，持"爱一行干一行"观点的为正方，持"干一行爱一行"观点的为反方。
任务要求	1. 设主席 1 人，正、反方辩手各 4 人，计时员 1 人，所持观点抽签决定。 2. 立论阶段：由双方的一辩完成，要求立论的框架明确、语言通畅、逻辑清晰，能够正确阐述本方的立场（时间：2 分钟）。 3. 驳立论阶段：由双方的二辩进行，旨在针对对方立论环节的发言进行反驳，并补充本方立论的观点，也可以扩展本方的立论方向和巩固本方的立场（时间：2 分钟）。 4. 质辩环节：由双方的三辩提问对方一、二、四辩各一个问题，对方辩手分别应答。每次提问时间不得超过 15 秒，三个问题累计回答时间为 1 分 30 秒。问答结束后，由双方三辩作质辩小结（时间：1 分 30 秒）。 5. 自由辩论阶段：双方辩手及全班同学都可以参加，辩论双方交替发言，双方均有 5 分钟的累计发言时间，在一方时间用完后，另外一方可以继续发言，直至本方的时间用完。 6. 结辩阶段：由双方四辩完成，总结本方观点，阐述最后的立场（时间：2 分钟）。
任务时间	30 分钟
任务评价	根据学生完成活动情况进行星级评定，填充五角星。

	教师评价	☆ ☆ ☆ ☆ ☆
	学生评价	☆ ☆ ☆ ☆ ☆

活动总结 （请学生结合主题进行思考，在查询资料、参与活动的基础上完成总结填写）	

理论学习

职业是在人类社会发展中，随着社会分工越来越细化而出现的一种文化现象和社会身份，是人们参与社会分工，利用专门的知识和技能，为社会创造物质财富和精神财富，获取合理报酬作为物质生活来源，并满足精神需求的工作。工作之所以在人的生命历程中占据这么大的比重，是因为一方面它能带来工资，解决人的物质需求；另一方面它能带来成长，解决人的精神需求。

无论何种职业，是否具有良好的职业素养，是决定职业生涯成败的关键因素。在职业素养中有一个非常重要的因素：敬业精神。敬业精神是人们基于对一件事情、一种职业的热爱而产生的一种全身心投入的精神，是社会对人们工作态度的一种道德要求。

中华民族历来有"敬业乐群""忠于职守"的传统，敬业是中国人民的传统美德。早在春秋时期，孔子就曾说过"执事敬""事思敬""修己以敬"，主张人在一生中始终要勤奋刻苦，为事业尽心尽力。北宋程颐说："所谓敬者，主之一谓敬；所谓一者，无适（心不外向）之谓一。"自古以来，中国人民都将"敬业"作为工作中应有的品格要求，奉行爱岗敬业的职业操守。

案例研讨

案例一　"人民英雄"张定宇——追赶时间的人

"我从没想过做英雄，是所有人一起做出了牺牲与贡献，而我仅仅是他们中的一分子。"面对"人民英雄"国家荣誉称号，张定宇这样说。

1963 年出生的张定宇现任湖北省卫健委副主任、武汉市金银潭医院院长。2018 年，他被确诊患上渐冻症，双腿日渐萎缩。疫情暴发后，张定宇以"渐冻"之躯冲锋在前，拖着高低不平的脚步追赶时间，带领医院干部职工救治 2 800 余名患者，其中不少为重症、危重症患者。

一快一慢的坚守　他与疫魔鏖战

位于武汉市三环边的金银潭医院是一家许多老武汉人都未必熟悉的传染病专科医院。2019 年 12 月 29 日，随着首批不明原因肺炎患者转入金银潭医院，这里成为全民抗疫之战最早打响的地方。

"这个病毒和我们以前见到的都不一样,这是我一生中遇到的最大挑战。"时间拉回到岁末年初,"春节前后病人暴增,几乎每两天就要开一层楼。看着这个病区要收满了,另一个病区就要准备清理、消毒,工作量非常大,每个人都绷紧了弦。"张定宇说。由于此前已排查过各种常见病毒,因此,在首批病人转入后的第二天,张定宇就带领团队采集支气管肺泡灌洗液,送往中科院武汉病毒研究所进行检测。

1月23日,武汉落实党中央决策部署,关闭了离汉通道。城市放慢了脚步,而与挽救生命有关的一切却在加速。

"搞快点!搞快点!"在医院楼道里、病房里,大家常常听到张定宇的大嗓门。可随着嗓门越来越大,他的脚步却越来越迟缓,跛行越来越严重。面对追问,张定宇终于承认说"我得了渐冻症"。这是一种罕见病症,慢慢会发展为全身肌肉萎缩和吞咽困难,直至呼吸衰竭。

张定宇的病情让不少同事感到惊讶。"他明明走得好快!"金银潭医院北7病区护士长贾春敏说。有一次,张定宇打电话让她5分钟内到达病区,"他从办公室到北7楼比我远,可等我到的时候,他已经在那儿了。平时他老跟不上我们,但他拼的时候,我们跟不上他。"贾春敏说。

自己的身体状况张定宇比谁都清楚,他在汽车后备厢里放了一根登山杖。在最忙碌的那段时间里,每到夜里回家的最后一段路,张定宇都要从后备厢中取出登山杖,这个时候,他不得不慢下来了。

一远一近的取舍　他为生命守护

"我很幸运,自己病情发展不是那么快,所以我更加珍惜这份眷顾,尽可能多做一些工作,而我的工作就是救人。"回忆最艰难的日子,张定宇如此感慨道。但对家人,他觉得亏欠太多,就连妻子感染新冠肺炎住院,他也没能顾及。

妻子入院3天后,当晚11点多,张定宇才赶紧跑到妻子所在的另一家医院探望,却只陪了不到半小时。"看到他很疲惫,我就催着他赶快回去休息。"张定宇的妻子程琳回忆说,直到出院,那是丈夫唯一一次去医院陪她。

程琳很少给张定宇打电话,基本就是微信留言。"多是相互报个平安,他事情太多,一般都是两三个小时才回信息。"程琳说。

好在经过治疗后,程琳痊愈出院。而出院后,大多也是女儿在家照顾程琳,张定宇仍坚守一线。

张定宇一心扑在救治工作上。早上七点半,往往换班的医护人员还没到,张定宇就已经到了。"收病人、转病人、管病人,按道理有些事他可以不管,但他都会到现场亲自过问。"金银潭医院南三病区主任张丽说。

"特别是早期收治的病人,所有手段都上了,还是拉不回来。看到不停有病人去世,就感觉很无助、很沮丧,内心很煎熬。"张定宇说。

在张定宇奔走呼吁下,不少新冠肺炎康复患者捐献了血浆,其中包括他的妻子,大家共同帮助还在与病魔抗争的病人。

在国家法律政策允许下，张定宇等专家组织动员遗体捐献。在征得逝者家属同意后，2月16日凌晨3时许，全国第一例新冠肺炎遗体解剖工作在金银潭医院完成，并成功拿到新冠肺炎病理，为开展新冠肺炎病理研究创造了条件。

一深一浅的脚步 他与时间赛跑

"能用我的时间换回别人更多的时间，我就没有遗憾了。"与疫魔竞速，张定宇却没时间"珍惜"自己的身体。

"他太累了，病情也加重了，原来左腿还能正常走路，现在也跛了。遇到天气降温，更是完全挪不开步子。"程琳说，有一次降温，从停车场到楼下电梯口，200多米的路，张定宇走了15分钟。

张定宇却很淡然，既然拦不住时间流逝，那就让它更有意义。

翻看张定宇的履历，在疫情面前，他做出的每一个选择都绝非偶然。

从医30余年，每一次在患者和自己之间做选择，他都选择了以患者为先。

他曾随中国医疗队出征，援助阿尔及利亚；2011年除夕，作为湖北第一位"无国界医生"，他出现在巴基斯坦西北的蒂默加拉医院；2008年5月14日，四川汶川地震后，他带领湖北省第三医疗队出现在重灾区什邡市……

共产党员、院长、医生，"无论哪个身份，在这非常时期、危急时刻，都没有理由退缩，必须坚决顶上去！"张定宇说。

"能够工作是很幸福的，能够帮助他人也是很幸福的。"张定宇说。他至今还穿着那身白大褂，踩着一深一浅的脚步，每天忙碌于出院患者的跟踪随访工作。

"每个人都在做一些牺牲，牺牲自己小小的自由，牺牲自己小小的利益，来抗击这场疫情。这时候特别能感受到祖国的强大。"他说。

（资料来源：侯文坤."人民英雄"张定宇：追赶时间的人［EB/OL］（2020－09－10）［2021－08－10］. http：//www. mod. gov. cn/education/2020－09/10/content_4871033. htm）

 案例思考

你从这位"人民英雄"身上看到了什么？

 案例解读

伟大出自平凡，英雄来自人民。张定宇同志长期从事医疗一线工作，面对新冠肺炎疫情，他在身患重疾的情况下冲锋在前、身先士卒，团结带领全院干部职工夜以继日地战斗在抗击疫病最前沿，始终坚守在急难险重岗位上，作为爱岗敬业的典范，以实际行动书写了对党和人民的忠诚。在这场史无前例的战役中，有成千上万个像张定宇这样的白衣战士，他们燃烧自己的生命，为我们带来了无尽的光明和希望；他们坚守阵地、鏖战病毒，让我们看到了胜利的前景和曙光。中国医生的敬业奉献精神令人敬佩！

案例二　秀美人生　灿烂芳华

　　她放弃留在大城市的工作机会，回到革命老区百色，在自己曾经接受教育资助的贫困家乡继续追梦；她毅然接受组织安排的任务，奔赴偏远的贫困山村担任驻村第一书记，将扶贫当作自己"心中的长征"，带动当地88户418名贫困群众脱贫，全村贫困发生率下降20%以上；她忍痛告别刚做完癌症手术的父亲，深夜冒雨奔赴受灾地区，在途中不幸被突发的山洪夺走了宝贵的生命……

　　黄文秀，女，壮族，中共党员，广西田阳人，1989年4月出生，2011年6月加入中国共产党，2016年6月毕业于北京师范大学，法学硕士，2016年7月被录用为广西定向选调生，生前系中共百色市委宣传部理论科副科长、派驻乐业县新化镇百坭村党组织第一书记。2019年6月17日凌晨，黄文秀同志遭遇突发山洪不幸遇难，献出了年仅30岁的宝贵生命。黄文秀同志扎根基层，用实际行动践行共产党员初心和使命的事迹得到人民日报、新华社、光明日报、中央广播电视总台等中央媒体，以及全国主要网络媒体的持续关注、广泛宣传和深入报道，在全国引发强烈反响。黄文秀同志是在"不忘初心、牢记使命"主题教育中涌现出来的群众身边的先进典型和年轻干部的楷模。黄文秀同志被追授为全自治区、全市优秀共产党员，全国、全自治区三八红旗手，荣获"八桂楷模""广西青年五四奖章"等荣誉称号。

　　黄文秀同志出生于百色革命老区的偏远乡村——田阳县巴别乡，从小目睹了乡亲们与贫困作斗争的情形，深切感受到农村贫困人口生活的不易，从骨子里对贫困群众有着无限的同情和关爱，深深懂得扶贫工作的重要意义和艰巨性，这也点燃了她对扶贫事业的热爱和执着。她一直渴望有机会深入脱贫攻坚最前线，为贫困群众做些实事、好事。2016年，黄文秀于北京师范大学哲学学院法学专业硕士研究生毕业后，作为定向选调生，她从北京到百色工作，先后任百色市委宣传部副主任科员、田阳县那满镇党委副书记（挂职），2018年3月被派驻乐业县百坭村任党组织第一书记。驻村后，她迅速进入角色，进屯入户访群众、四处奔走找项目、夜以继日谋对策，带领群众摸索到了适合本村发展的产业——种植砂糖橘、八角、杉木等，将长中短产业相结合。目前，种植产业已经成为百坭村的支柱产业和群众脱贫致富的主要来源。在她的辛勤努力下，百坭村实现了贫困户户户有产业，村集体经济项目翻倍增收，贫困发生率从她上任时的22.88%，下降到2018年底的2.71%。

　　黄文秀同志坚守初心、对党忠诚，心系群众、担当实干，品德高尚、克己奉公，知重负重、坚韧不拔，用生命诠释了一名共产党员应有的价值追求和使命担当，是习近平新时代中国特色社会主义思想的坚定信仰者和忠实践行者，是新时代共产党员不忘初心、牢记使命、永远奋斗的典范。黄文秀同志的父亲说："我为有这样的女儿感到欣慰，她为党的工作而牺牲，是党培养了她，她为党的事业作出贡献，我为她骄傲。"

　　（资料来源：中国文明网．扎根基层　第一书记为脱贫攻坚事业牺牲［EB/OL］（2019-07）［2021-08-10］．http：//www．wenming．cn/sbhr＿pd/zghrb/jyfx/201907/t20190729_5201230．shtml）

案例思考

以黄文秀同志为榜样，我们应该从她身上学习什么？

案例解读

习近平总书记对黄文秀同志先进事迹作出重要指示，号召广大党员干部和青年同志要以黄文秀同志为榜样，不忘初心、牢记使命，勇于担当、甘于奉献，在新时代的长征路上做出新的更大贡献。从黄文秀同志平凡而伟大的一生中，我们感受到了爱岗敬业、不畏艰辛、真诚为民的奉献精神。黄文秀同志干一行爱一行，善作善成。在校学习时，她品学兼优，步入社会时，她积极肯干，不论是在县里挂职锻炼，还是到贫困山村担任第一书记，她都把责任扛在肩上、把困难踩在脚下，工作非常出色。她身上那种"面对困难不退缩"和"对待事业尽忠诚"的精神，永远值得我们学习。

案例三　你离成功只有一步之遥

事例一：小汤在一家商场已经工作7年了，但由于商场经理"目光短浅"，他的工作能力并未得到赏识，小汤感到非常郁闷，但同时他似乎对自己也很有信心："像我这样一个学历不低、年轻有为的小伙子，还愁找不到一个体面而有前途的工作？"

有一天，有位顾客走到他面前，要求看看袜子。小汤对这名顾客的请求不理不睬，还不停地跟身旁来探望他的朋友发牢骚。虽然这位顾客已经显出不耐烦的神情，但小汤还是不予理睬。最后，等他发完牢骚才转身对那位顾客说："这儿不是卖袜子的专柜。"

那位顾客又问袜子专柜在什么地方，小汤不耐烦地回答说："你问总服务台好了，他会告诉你的。"

7年来，这个内心抑郁的、可怜的年轻人一直不知道自己为什么没有遇到"伯乐"，没有得到升迁和加薪的机会。

3个月后，当顾客们走进这家商场时，没有再看见那位满腹牢骚的小伙子。在上个月进行人员调整时，小汤被商场解雇了。据其他工作人员反映："当时，他非常震惊，也非常激动和气愤……"

事例二：一个大学刚毕业的女孩被分配到一家报社，本以为自己可以当一名记者，但万万没有想到，领导让她做的工作竟然是到通联部抄写信封！

"抄信封这种工作，只要是会写字的都能做，我大学苦读四年，难道就是为了做这种工作吗？领导也太瞧不起人了！"换作一般人，很可能会这么抱怨，甚至干脆辞职不干了。刚开始的时候，这个女孩也有点儿想不通，但她转念又想：既然领导这么安排，肯定有他的考虑，或许这份工作正好缺人。于是，她没有抱怨，而是认真地把领导交待的工作做好。

三个月后，女孩一个人就能完成三个人的工作量。领导觉得这个女孩不错，她能把别人不屑一顾的事情做得如此出色，如果给她更重要的工作，她一定可以做得更好。于是，领导重新给她安排了工作。从此以后，她先后担任了文摘版、理论版和副刊的编辑……

（资料来源：开车不进山.抱怨是弱者的象征，真正的强者是从来不会抱怨的［EB/OL］（2018-01-16）［2021-08-10］.https：//baijiahao.baidu.com/s？id=15897115056669166-38&wfr=spider&for=pc）

案例思考

从以上两则故事中，你感悟到了什么？

案例解读

在职场中，经常抱怨、发牢骚的员工并不罕见，他们总是把矛头指向公司、他人、环境、待遇等因素，抱怨生不逢时、遇人不淑，很少把目光放到自己身上。其实，抱怨不仅对工作没有任何帮助，相反，抱怨太多还会使他人厌烦，使自己产生消极的工作态度，错过最佳的成长和表现机会。要知道，努力比抱怨更重要。当外在环境不如意时，与其每天在抱怨声中度过，不如改变心态，争取积极努力地工作，最终你将发现，工作是一件非常美好的事情。当秉持正确的态度对待工作时，你已经成功了一大步。

请好好对待工作，珍惜每一次工作的机会，因为，努力完成工作比抱怨更有效。

 案例四　时代楷模黄大年

黄大年同志是享誉世界的地球物理学家。2009年，他毅然放弃国外优越条件，回到祖国贡献力量。8年间，他只争朝夕、刻苦钻研，带领科研团队勇于创新、顽强攻关，取得了一系列重大科技成果，填补多项国内技术空白，部分成果达到国际领先水平。他夜以继日、忘我工作，不计得失、甘为人梯，为了国家事业奋斗至生命最后一息。回顾黄大年同志58岁的生命历程，始终澎湃着"只要祖国需要，我必全力以赴"的爱国之情，践行着"振兴中华乃我辈之责"的报国之志，在人们心中树立起一座巍然屹立的精神丰碑。

想国家之所想、急国家之所急，黄大年同志以澎湃生命搏击、以开拓创新追梦，为我国教育科研事业作出了突出贡献。他的感人事迹犹如一把熊熊燃烧的精神火炬，点亮奋斗者心中的梦想，指引追梦人风雨兼程的脚步。

"业精于勤，荒于嬉；行成于思，毁于随。"在科研教学中，黄大年不知疲倦地求索，充满激情地登攀。有人说他是个"疯子"，他却以"中国要由大国变成强国，需要有一批'科研疯子'"作答；有人劝他注意身体，他却始终惜时不惜命，甘做刻苦钻研的"拼命黄郎"；他不爱钱财爱人才，为了让学生们搞好学习研究，他自费给班上 24 名同学每人买了一台笔记本电脑……工作是他的挚爱，学生是他的牵挂。在年复一年攻坚克难的繁重工作中，黄大年把岗位看作体现人生价值的哨位，把事业当成报效国家的战场，无惧困难、无畏拼搏、无私奉献，取得多项创新突破，获得比肩世界一流水准的科研成果。在黄大年身上，人们看到坚如磐石的信念、"主一无适"的执着，无不被他那种兢兢业业、勤勤恳恳的敬业精神所深深打动。

成功没有捷径，人生需要努力。黄大年取得成就的背后，是几十年如一日的潜心钻研和不懈奋斗。古人讲"君子素其位而行"，也许我们的岗位很普通，所做的工作很平常，但正如人生舞台上"没有小角色，只有小演员"，平凡的岗位也可以做出不平凡的业绩。实现中国梦这个宏伟目标，需要汇聚来自各行各业、各种岗位无数普通人的智慧和力量。人间万事出艰辛。像黄大年那样，既胸怀远大理想，又脚踏实地辛勤耕耘，从自己做起，把本职做好，人生的道路才能越走越宽，美好的梦想才能变为现实。

敬业要有恪尽职守的责任心，更要有勇于开拓的进取心。已经功成名就的黄大年回国之后，不是养尊处优地"吃老本"，而是争分夺秒地踏上了科研创新的新征程。他深知，中国只有牢牢抓住"创新"这个"弯道超车"的关键，才能赶上历史潮流、赢得发展先机。因此，他以一股"疯魔劲"，全身心地投入事业，夜以继日地忘我工作。他谋赶超、求突破，搞交叉、促融合，8 年间取得累累硕果，向祖国和人民交出敢为人先、勇攀高峰的优异答卷。敬业方可成事，创新才能兴业。在百舸争流、千帆竞渡的当今时代，唯创新者进，唯创新者强，唯创新者胜。只要我们勇于创新、善于开拓，奋发有为、不懈进取，就能在岗位上建功立业，为实现国家富强、民族振兴、人民幸福，贡献自己的一份力量。

海阔心无界，山高人为峰。"把自己的梦想融入广大人民实现中国梦的壮阔奋斗之中，把自己的名字写在中华民族伟大复兴的光辉史册之上。"历史和人民不会忘记黄大年这样的奋斗者，那种为了梦想顽强拼搏、为了事业竭尽全力的敬业精神，将激励我们向着实现中国梦的伟大目标接力前行、奋勇前进。

（资料来源：刘阳，郭洁宇. 爱岗敬业　开拓进取——学习贯彻习近平总书记对黄大年同志先进事迹重要指示之三［EB/OL］（2017 - 05 - 27）［2021 - 08 - 10］. http：//www. xinhuanet. com//politics/2017 - 05/27/c_1121049934. htm）

案例思考

黄大年的事迹感动你了吗？请说说理由。

案例解读

"以黄大年同志为榜样""学习他教书育人、敢为人先的敬业精神"，习近平总书记对黄大年同志先进事迹的重要指示，为我们在新形势下弘扬敬业精神、共筑伟大梦想注入了强大的思想和行动力量。敬事而信，敬业乐群，一个把事业看得比生命还重的人，定会收获更有价值的人生，必将作出非比寻常的贡献。哲人有言：世界上最快乐的事莫过于为梦想而奋斗。推动祖国的教育科研事业发展，是黄大年的志向和担当。见贤思齐，贵在行动，让我们从自己做起，从本职岗位做起，交出合格答卷，这也是每个人的职责和使命。

实践任务

 任务一　案例分析：这是谁的责任

任务名称	案例分析：这是谁的责任
任务描述	在一家电器专卖店前，小李和小赵正在搬运家电货品，小李把一台贵重的液晶电视递给小赵时，小赵没有接住，结果电视掉在地上摔坏了。 　　事情发生之后，经理严厉地批评了他们。小李诚恳地说："这事怪我，我有责任，我愿意赔偿损失，您可以从我的工资里面扣除。我以后一定吸取教训，加倍小心。" 　　小赵当时什么也没说，之后却悄悄找到经理说："今天这事真不怪我，都是小李的错，是小李没有递好。" 　　小李和小赵二人一直等待处理结果。几天后，经理请他们到办公室，对他们说："其实，那天我看见了事情发生的整个过程，这也使我更加清楚谁更适合留下来继续发展。因为我们更需要一个勇于承担责任、值得信任的人。我决定，……"
任务要求	阅读以上情景案例，通过独立思考后回答问题，填写任务完成情况记录。
任务完成情况记录	

你认为经理会留下谁？	
这到底是谁的责任呢？	

读完这个案例, 你受到什么启发?	
体会感悟 （400 字）	
任务评价	根据学生完成活动情况进行星级评定, 填充五角星。
	教师评价　☆ ☆ ☆ ☆ ☆
	学生评价　☆ ☆ ☆ ☆ ☆

 任务二　微视频制作：镜头下的敬业

任务名称	微视频制作：镜头下的敬业
任务描述	根据学习主题, 结合学习体会, 完成一段时长 5 分钟左右的、以敬业为主题的微视频作品。本任务采取团队合作的方式共同完成, 应进行恰当的分工安排, 团队成员都必须承担一定的工作任务。

第二篇

诚 信 篇

> 劳动是财富的源泉，也是幸福的源泉。人世间的美好梦想，只有通过诚实劳动才能实现；发展中的各种难题，只有通过诚实劳动才能破解；生命里的一切辉煌，只有通过诚实劳动才能铸就。
>
> ——2013 年 4 月 28 日，习近平同全国劳动模范代表座谈时的讲话

 任务单

任务目标	1. 深刻理解什么是诚信？为什么要诚信？进一步明确如何培养诚信等问题。 2. 增强诚信意识，践行诚信行为，提升诚信素养。
任务项目	1. 通过微辩论活动导入问题：诚实劳动亏不亏？如何理性看待诚信？ 2. 进行理论学习和案例研讨，探索以上问题的答案，树立正确的诚信意识。 3. 完成实践任务，增强诚信意识，在实践中将诚信意识转化为诚信行为，提升诚信素养，让诚信成为习惯。 4. 参与任务评价，记录实践感悟。
实践要求	1. 认真学习理论，搜集资料，积极思考，能够辩证地看待问题。 2. 积极参与实践任务，注重团队合作，注意安全。 3. 按要求提交实践作品，积极分享资料，巩固学习成果。 4. 客观公正地评价他人的实践作品。

 **活动导入**

任务名称	微辩论：诚实劳动，亏不亏？
任务描述	围绕"诚实劳动，亏不亏？"的主题进行一次辩论。正方所持观点为"诚实劳动，亏"；反方所持观点为"诚实劳动，不亏"。
任务要求	1. 设主席1人，正、反方辩手各4人，计时员1人，所持观点抽签决定。
	2. 立论阶段：由双方的一辩完成，要求立论的框架明确、语言通畅、逻辑清晰，能够正确阐述本方的立场（时间：2分钟）。
	3. 驳立论阶段：由双方的二辩进行，旨在针对对方立论环节的发言进行反驳，并补充本方立论的观点，也可以扩展本方的立论方向和巩固本方的立场（时间：2分钟）。
	4. 质辩环节：由双方的三辩提问对方一、二、四辩各一个问题，对方辩手分别应答。每次提问时间不得超过15秒，三个问题累计回答时间为1分30秒。问答结束后，由双方三辩作质辩小结（时间：1分30秒）。
	5. 自由辩论阶段：双方辩手及全班同学都可以参加，辩论双方交替发言，双方均有5分钟的累计发言时间，在一方时间用完后，另外一方可以继续发言，直至本方的时间用完。
	6. 结辩阶段：由双方四辩完成，总结本方观点，阐述最后的立场（时间：2分钟）。
任务时间	30分钟
任务评价	根据学生完成活动情况进行星级评定，填充五角星。
	教师评价　☆ ☆ ☆ ☆ ☆
	学生评价　☆ ☆ ☆ ☆ ☆
活动总结 （请学生结合主题进行思考，在查询资料、参与活动的基础上完成总结填写）	

理论学习

　　诚，即真实、无欺；信，即守信、重诺。在长期的社会交往中，人们只有彼此相互合作、相互信任、诚实守信、忠于职守，才能维持社会的发展和自身的生存。诚信是社会对其成员最基本的道德要求，是最重要的道德品质，也是一种崇高的人格力量。在社会交往中，诚实守信、践行诺言之人，更能得到他人的信任和尊重。诚信是人格的一部分，是个体最重要的品德之一，也是一个社会文明的标志。只有做到真诚无伪，才能使自己内心无愧、坦然宁静。诚信之人总是闪光的。在公共生活中，诚信之人常常因人格光芒更能受到青睐、赢得尊重。作为尚未踏入社会的高职学生，应从当下学起，充分认知现代诚信思想、体验诚信社会环境、培养真诚待人、信守承诺的人格魅力。

　　职业诚信，就是指在从事某种职业时，能够遵守职业规范、履行职业责任，并表现出良好的信用度和忠诚度。在职业劳动中，从业者应有一分力出一分力，不怠工、不推诿、不自欺，遵纪守法；与他人合作时，应严格履行合同契约，不弄虚作假，不唯利是图。

　　良好的职业诚信体系可以提高商业社会的效率，同时也会给整个社会带来巨大的财富，推动社会发展，这是不言而喻的。反之，违背诚信、弄虚作假，就会带来困难和危机。在现代市场经济条件下，人们越来越清楚地意识到，诚信是企业的优良资产，是企业的黄金法则。诚信是最聪明的生存之道，也是做人的根本原则。

案例研讨

案例一　坚守承诺，扎根深山战脱贫

　　走进金寨县花石乡大湾村，宽敞明亮的徽派小楼错落有致，在群山的衬托下显得格外雅致。已是深冬，每天依然有一些天南海北的游客来到此处，漫步在大湾村的小桥流水之间，处处可以耳闻目睹大湾村群众脱贫后的喜悦之情。就在5年前，这里完全是另一派景象：破旧的土房、闭塞的交通、落后的产业……大湾村第一书记、驻村扶贫工作队队长余静初到大湾村时，面对的就是这样一个场景。

　　"余静刚来大湾村的时候，咱们心里都嘀咕，白白净净、穿着防晒服，这一看就是个城里姑娘，在咱们这穷乡僻壤，待得住吗？"大湾村党总支书记何家枝回忆起当年初见余静的印象时说。

　　很快，余静用实际行动打消了所有人的顾虑，全村37个村民组分布四处，山路蜿蜒难行，她很快就走遍了全村242户建档立卡贫困户，从不叫苦叫累。在2015年夏季暴雨过程中，她和大湾村的乡亲们一起奋战在抗洪第一线。"日久见人心，余静是大湾村发展的主心骨之一，在咱们村提到余书记，谁不竖起大拇指?!"何家枝说。

2016年4月24日，习近平总书记亲临大湾村考察脱贫工作，在贫困户陈泽申家中的小院里举行了一场座谈会。余静向习近平总书记作出承诺："大湾村一户不脱贫，我坚决不撤岗!"

5年来，余静一天也未忘记自己的诺言。

"多亏了余书记这几年隔三岔五找我丈夫谈话，给我们鼓劲，我们一家子今天才能过上这样的好日子。"说起余静，大湾村村民肖细雨有着说不完的感谢。

肖细雨是湖北黄石人，嫁给大湾村村民杨习伦后第一次回大湾村，就为这里的贫穷而感到惊讶，丈夫杨习伦则习以为常，并没有为了家室生计而努力。"扶贫要扶志，只有让杨习伦振作起来，这个家才有摆脱贫穷的希望。"在走访中了解到情况后，余静下定这个决心，为此经常找杨习伦谈心，询问他的想法、意愿，宣传扶贫政策，联络养殖大户指导他养殖技术，还帮助他选址建舍，鼓励夫妻俩发展旅游业。

如今，杨习伦夫妻开办起一家农家乐，去年还被评为当地旅游产业发展先进个人，生活发生了翻天覆地的变化。"我家现在每个月能有七八千元收入。老杨在漂流公司干活，每个月也有2 000多元收入。"肖细雨说。

杨习伦只是余静在大湾村帮扶的众多贫困群众之一。2016年，大湾村刚刚开始发展旅游产业时，当地村民心存疑虑，担心服务搞不好、没人来……余静就一遍遍上门，耐心解释政策，逐步打消村民的疑虑。"大湾村有丰富的旅游资源，是村民脱贫致富的最好途径。只要能让大家过上好日子，我多跑一点路、多费一点口舌没啥关系。"余静说。

2015年，余静初到大湾村时，她的儿子6岁、女儿不满6个月，这些年，她陪伴孩子们的时间屈指可数。"别人家的孩子抱在怀里，我的孩子只能养在手机里。白天要走访群众、晚上要整理材料，忙起来的时候几天也不得空给孩子说说话。"说起孩子，余静满是愧疚之情。

然而，当2018年选派帮扶工作期满，有机会回到原单位时，余静却主动向组织申请，要求继续留在大湾村。"想不想孩子? 肯定想! 但是当时大湾村还有40多户群众没有脱贫。当初的承诺还没有兑现，我必须留下来!"余静说。

2018年，大湾村脱贫出列，2020年，全村所有贫困户全部脱贫。如今，大湾村已建成4 000多亩茶园、32家农家乐，开发出一系列景点，发展起了十里漂流，美丽乡村建设和各项社会事业快速推进，正阔步走在乡村振兴的康庄大道上。

[资料来源：袁野. 坚守承诺，扎根深山战脱贫 [N]. 安徽日报，2021 - 02 - 01 (07)]

❓ 案例思考

扎根深山战脱贫的余静让你领悟到了什么?

案例解读

消除绝对贫困、全面建成小康社会,这是党对人民做出的庄严承诺。解决近亿贫困人口的脱贫问题,让占全人类人口总数五分之一的中国人民彻底消除绝对贫困,脱贫攻坚的伟大实践谱写了人类反贫困斗争史上的崭新篇章,同时也为世界提供了有效消除贫困的中国智慧和中国经验。2015年,中央扶贫工作会议提出"在2020年实现全国农村全部脱贫",全国280万驻村干部和第一书记奔赴脱贫攻坚一线,余静只是其中之一。为兑现"不脱贫不撤岗"的诺言,余静带领乡亲们艰苦奋斗,实现了小康梦。在这个过程中,余静做出了自己的贡献。新时代的大学生也应成为民族伟大复兴的建设者,践行时代新人的责任。

 案例二   诚信是凝聚众志、抗击疫情的民族大义

疫情期间,36岁的快递小哥汪勇挺身而出,凭一己之力,搭建起医护人员的后勤保障线,用臂膀扛起如山的责任。

"以前,我只是一名快递小哥,没有任何资源、任何人脉,疫情期间,能很快聚集一些资源去帮助医护人员,背后靠的全是诚信。"汪勇说。

以诚待人   汇聚抗疫力量

1月29日,当记者连线汪勇采访时,电话那头,他嗓音嘶哑,正在武汉市东西湖区某酒店接受隔离观察。

"23号去了一趟北京,回来后着凉感冒发烧了,一直都没好。"汪勇说。虽然做了核酸检测,显示不是新冠肺炎,但他也要严格按照政策接受隔离观察,不给他人添麻烦。

隔离期间,汪勇十分乐观,平时除了休息,就是看书学习,或者在抖音分享自己的抗疫故事。他说,估计2月7日就可以回家了,今年过年希望能好好陪一陪家人。

回忆起去年这个时候,汪勇仍然觉得刻骨铭心。

2020年1月24日,除夕夜,武汉市金银潭医院医护人员发出的一条"求助信息",让他踏上抗疫之路。

此后,汪勇开着私家车,每天工作15个小时,76天累计驾驶5000多公里,护送金银潭医院医护人员上下班,还转运大量救援物资。他对接送过的医护人员说:"有需求了和我说,我能来接你就一定来接你。"

许下承诺后,善行就像滚雪球一般,越滚越大。

从一个人做志愿者,到成立30人的志愿者车队,办"志愿者餐厅",再到为医护人员购买各种生活物资……疫情期间,汪勇不仅成了组局者,也成了医护人员的"大管家"。

"疫情期间,有时候会面对单笔价值一两百万元的捐赠物资,我能做的就是以诚待人、以诚待事,让大家信得过,把每一分钱的物资都送到医护人员手上。"谈到对诚信的认识,汪勇这样说。

视彼此为"生死之交"

"祝福各位医护人员2021年平安健康、幸福美满。"2021年1月1日零点，汪勇在微信群中给全国各地驰援金银潭医院的医护人员发送新年祝福。

虽然和这些医护人员相处时间不长，汪勇却获得了他们百分之百的信任，将彼此视为"生死之交"。

谈到第一天接送金银潭医院医护人员回家时，汪勇坦言："害怕过，出门前反复做思想斗争，一直跟自己强调说没事，但当医护人员坐到后排时，两条腿还是抖了一天。"

汪勇回忆，当时实在不忍心看医生护士们每天辛苦坚持，睡在科室的靠椅上不说，还要自己走回家。"我多接一点，哪怕接10天，万一感染了，我就到医院去。"

"他们拼命抢救病人，我们拼命护他们周全，这份珍贵的感情难以用言语表达，一辈子都不会忘记。"汪勇说。

在朋友眼中，汪勇是一个性格豪爽、做事有原则、充满正义感的人，就算平时开车在路上碰到一块大石头，他也会先搬走、再离开。

"我认为对的事情一定要去做，认为错的事情一定不会认可。"汪勇当时也没想那么多，就想为医护人员出点力，想着要是不做，后半生肯定会后悔。

积极投身社会公益事业

疫情期间，顺丰公司对一批奋勇拼搏、彰显担当的优秀员工予以火线提拔，汪勇被破格提升为硚口区分公司经理，日常运营4个网点，管理200多位快递小哥。

从一线快递小哥到分公司经理，汪勇不用再大街小巷送快递，但他说，身上的担子更重了。

"如果我现在没有隔离，或许正和同事们一起忙着保障春节包裹寄递的工作。"汪勇称，多地倡导就地过年，年货快件收寄量增加，要保障好、服务好人们的寄递需求。

现在除了工作，汪勇还是湖北省志愿者协会的理事，经常投身社会公益事业。

当援鄂医疗队离开之际，汪勇和顺丰快递小哥们一起为援鄂医疗队队员们免费寄行李。他还通过自己的号召力以及掌握的各类资源，为受疫情影响的老年人、学生等群体提供公益服务，如为武汉市1 000户孤残老人发放一年基本生活物资，为省内4 000余名家庭困难的高中学子提供每年3 200元的助学金等。

汪勇还计划为罗田县希望小学的学生每人提供一套新校服，目前正在募集资金。"荣誉多了，身上的责任也更大了，未来我将把更多精力投入到公益事业中，帮助更多需要帮助的人。"汪勇说。

不畏艰险、冒疫奔忙，勇做挺身而出的凡人，汪勇用"诚信"书写无悔人生。

［资料来源：左晨. 践诺，让善行像雪球越滚越大——快递小哥汪勇入选2020年"诚信之星"［N］. 湖北日报，2021–02–01（03）］

案例思考

汪勇的事迹给了我们什么启示？

案例解读

快递小哥汪勇更愿意把自己称为"组局者"，他说"能很快聚集一些资源去帮助医护人员，背后靠的全是诚信。"在面对突发疫情时，每个中国人共克时艰、守望相助、诚信相待，汇聚起了磅礴的抗疫力量。

案例三　质量不能为任何事情让路

冷友斌，现任黑龙江省工商联副主席、黑龙江飞鹤乳业有限公司董事长兼总经理，2020年9月8日，荣获全国抗击新冠肺炎疫情先进个人荣誉称号，2021年1月，被中宣部、国家发展改革委评选为2020年"诚信之星"。

2020年12月23日，中国飞鹤董事长冷友斌从中国探月工程负责人手中接过搭载证书时，抑制不住满心的激动。飞鹤奶粉刚刚伴随嫦娥五号登上月球，并成功实现地月往返。这是世界上第一款登月的奶粉，在全球众多的奶粉企业中，飞鹤飞得最高、最远。

59年前，飞鹤乳业创办于黑龙江省的一个偏僻农场，因为当地生态环境优美，许多丹顶鹤栖息在这里，飞鹤因此得名。但长期以来，飞鹤发展并不顺利，到2000年时更是处于濒临破产的边缘。在这一年，冷友斌带领一批农场职工，负债1 000多万元买下了飞鹤股份，飞鹤从此开始了新的航程。

冷友斌说："我们每一罐奶粉出厂都是带着承诺的，都是带着诚信的，都是带着未来宝宝们的希望的。"

诚信决不给市场让路，质量决不给任何事情让路！冷友斌坚持诚信经营，坚守质量底线。

当时，刚刚富裕起来的中国消费者越来越追求营养和健康，市场对乳品的需求出现井喷。中国奶企养奶牛的速度跟不上消费者喝奶的速度。冷友斌看到，许多同行为了占领市场，不但放弃养牛，还大量从国外进口低品质的大包奶粉，然后再加水制成乳品销售，这让冷友斌忧心忡忡。

和鲜奶相比，还原奶的成本很低，营养成分同样也很低。冷友斌认为，如果奶企靠这样的产品挣钱，赚的就是昧心钱，企业更是缺乏最基本的诚信。果然，2003年，安徽阜阳出现了"大头娃娃"的恶性事件，一些非法企业生产毫无营养价值的假奶粉欺骗消费者，引发了全社会的愤怒声讨。

冷友斌痛下决心，一罐好的奶粉，必须要从好的奶源抓起。飞鹤必须要建立自己的万头奶牛牧场，把安全奶源牢牢地掌握在自己的手中。但是，建立自己的牧场需要好几十亿的费用，再加上数量庞大的奶牛的日常饲养、挤奶、清洁、防疫，飞鹤将面临巨大的经营和管理风险。

2007年，在冷友斌的坚持下，飞鹤贷款建成了自有牧场。很多同行嘲笑，背负沉重的债务，飞鹤还能飞得起来吗？可谁也没有想到，2008年，三聚氰胺事件爆发了，那些不能自主掌控奶源的奶粉企业，纷纷沦陷。

当时，央视新闻联播向全国观众通报三聚氰胺的查处情况，全国共有22家婴幼儿奶粉生产企业，因为产品检出三聚氰胺而被查处通报，其中包括众多乳业巨头。而当新闻播报飞鹤是检测中为数不多的质量合格企业时，冷友斌哭了，长期以来所受到的质疑和嘲笑，多少年在执着和坚守中默默承受的委屈与辛酸，在这一刻都化成了热泪。诚信是金，没有谁在这一刻比冷友斌更懂得其中的含义。

虽然飞鹤在三聚氰胺事件中经受住了考验，但整个中国奶粉行业却因为这次事件遭到了巨大打击。不少中国消费者对国产奶粉彻底失去了信心，国产奶粉在市场上节节败退，从大城市退到县城，从县城退到农村。不仅中国人不认可国产奶粉，而且在国际场合，中国奶粉俨然成了一个笑话。

外国同行的态度深深地刺痛了冷友斌，中国消费者对国产奶粉的不信任，更是让冷友斌感到痛心。三聚氰胺事件后，国外品牌的奶粉占据了中国市场80%的份额，但中国宝宝的口粮，凭什么让外国人掌握？

一方水土养一方人，不同的饮食结构导致不同国家的母乳成分存在差异，而不同国家的婴幼儿奶粉，则是根据本国母乳的成分研制的。如果中国宝宝长期喝美国标准的奶粉，其成长发育可能会出现诸多隐患。

为了让祖国的下一代喝上好奶粉，飞鹤不仅建立起了从饲料到养殖，再到加工和销售的全产业链条，而且还构建了原辅料可追溯、产品质量可控制、产品销售可追踪的质量安全追溯体系。同时，经过不懈的努力，飞鹤研发人员终于在全世界率先研究出了最详尽的中国母乳核心营养成分的结构比例，中国人终于站在了全球奶粉研究技术的最前端！

冷友斌说："我们的定位就是做更适合中国宝宝体质的奶粉，就是说飞鹤的婴幼儿奶粉最接近中国母乳营养成分的配方。"

2020年，飞鹤奶粉销量在中国高端奶粉市场遥遥领先。同时，飞鹤奶粉凭借其优异品质，从2015年至2020年，连续六年摘得世界食品品质评鉴大会金奖，重新为中国奶粉企业赢得了世界的尊敬。

（资料来源：央广网．诚信之星——飞鹤乳业：为中国奶粉企业赢得世界尊敬［EB/OL］（2021-02-01）［2021-08-10］．https：//baijiahao. baidu. com/s？id=1690464113549020-857&wfr=spider&for=pc）

 案例思考

在竞争日益激烈的奶粉市场，冷友斌的诚信经营为飞鹤带来了什么？

 案例解读

坚信诚信经营是企业立足之本。冷友斌秉持以诚立身、以信兴业理念，用信心打造诚信企业，用良心建设诚信品牌，用爱心做诚信企业家。他视产品质量为生命，倾力打造婴幼儿奶粉生产全产业链，信守对消费者的质量承诺，将一个名不见经传的北方小乳品厂，发展成为知名的民族乳企。

"把诚实守信作为人生与事业的信条，这是底线，也是红线，不能碰，也不敢碰！"在冷友斌制订的飞鹤乳业用人"六项基本准则"中，诚信原则就占两条，员工入职要进行诚信调查，签订《商业行为和道德准则承诺确认函》。他把企业诚信文化列为员工培训必修项目，努力打造一支诚信员工队伍。冷友斌还把飞鹤乳业的诚信文化延伸至合作方，对所有供应商严格按照质量体系标准定期审核，审核不通过，坚决淘汰。正是这种坚持诚信经营的态度和理念，让飞鹤赢得了越来越多的中国消费者的信赖。

案例四 "一元村医"

一元钱能干什么？

在杭州建德市乾潭镇陵上新村梅塘自然村，村民花一元钱就可以看病。

"今天血压还好，平时还是要注意。"2020年9月21日早上6时，74岁的村医吴光潮如往常一样，洗净双手，搓到微热，在梅塘村的卫生室里坐下，开始接诊。

因为看病只收一元诊疗费，加上医术医德广受好评，吴光潮被村民们亲切地称为"一元村医"。

卫生室位于村口的半山坡上，绿漆白墙瓦片顶。在这里，吴光潮一守就是半个多世纪，陪伴他的，是笔直挺立的水杉树，还有淳朴的乡亲们。

回首过往，吴光潮说："这偶然中也有必然。"20世纪60年代，梅塘村实行农村免费医疗，那时候吴光潮年仅20余岁，由村里安排当了"赤脚医生"。

"有不少同行都中途放弃了。"坚持不下去的主要原因是干村医太苦了，收入也不多。"要随叫随到，有时饭吃到一半，只要电话来了，就得放下碗筷赶到卫生室。"吴光潮说，"那时候别说药费了，有些穷苦人家连出诊费都拿不出来。"

时间长了，也有卫生院、大医院来"挖"技术精湛的吴光潮，但他都婉拒了："我土生土长在农村，乡亲们需要我，我怎么能离开？"

吴光潮和村民一直有个早上6时的"约会"。之所以这么早，是因为村民来看个小病、小痛后，就能赶回去干活了。村民们的看病费用，包括诊金和药费，从开始的5分、1角、5角，到20世纪90年代中末期的1元钱，从此再没有涨过价。

为了让村民看病少花钱，吴光潮经常自己上山采草药替代部分西药，也会把这些草药处理后，免费分发给家庭困难的村民。

许多人都好奇，吴光潮行医为何只收一元钱？"那时候我靠行医看病挣工分，一是不愿意挣药费上的差价；二是看到有人困难，就自掏腰包贴补。"在吴光潮看来，医者仁心，选择了这一行，必定会做出这样的决定。后来，因"一元村医"名声在外，吴光潮更觉得不能涨价了，"我反正有退休工资的，吃吃用用都够！"

乾潭镇卫生院曾统计过，近3年，梅塘村卫生室每年的就诊人次都突破了4 000。除了政府补助，吴光潮每年还从个人收入中拿出几千元，补贴卫生室。

吴光潮诊疗室桌上有几个常用物件：左上是他翻阅了几十年的《农村医生手册》，左下是他收取费用的铁皮盒，右侧是他跟踪记录村民健康状况的小册子。

多年来，吴光潮不断提高自己的医疗技术，从医期间还经常赴医院、学校学习，终于获得了浙江省乡村医生证书。

如今，已过古稀之年的吴光潮，皱纹已经爬上了脸庞，但他工作依旧忙碌。

"我们一家有六个党员，作为老党员，我肯定要做榜样、讲奉献。"吴光潮说，"只要村民们需要我、信任我，我这个乡村医生就不退休！"

［资料来源：吴佳妮，白洋. 建德乡村医生吴光潮——"一元村医"，半个世纪的坚守［N］. 浙江日报，2020 – 09 – 24（02）］

案例思考

吴光潮坚持"一元"看病，一直用自己的收入补贴卫生室，你怎么看待这种行为？

案例解读

光阴悄然逝去，吴光潮就这样在村口的卫生室坚守了半个多世纪。骤雨疾风，昔年旧事，一切都可以改变，但在吴光潮内心深处，当初对父老乡亲的承诺永远都不会变！从医多年的吴光潮一直用自己的收入补贴着卫生室，他生活朴素，但治病救人无数，是值得学习的新时代典范。

实践任务

任务一 案例分析：如何看待毕业生简历造假

任务名称	案例分析：如何看待毕业生简历造假
任务描述	据相关调查显示，每至高校就业季，简历造假、文凭"注水"，在一些高校毕业生求职中已成公开的秘密，有的毕业生认为简历"注水"成本低、核实难，于是"铤而走险"。面对严峻的就业形势，为了争取就业机会，一些高校毕业生"自己提拔自己"，从学生会干事变成干部，在简历中虚报学历，短期培训变成名校毕业，甚至出现比拼简历造假现象。
任务要求	独立思考，完成案例分析实践任务，填写任务完成情况记录。

任务完成情况记录

你如何看待毕业生简历造假现象?	
如何才能使自己的求职简历含金量更高呢?	
读完这个案例，你受到什么启发?	

任务评价	根据学生完成活动情况进行星级评定，填充五角星。	
	教师评价	☆ ☆ ☆ ☆ ☆
	学生评价	☆ ☆ ☆ ☆ ☆

任务二　线上旁听"中国庭审公开网"案件

任务名称	线上旁听"中国庭审公开网"案件
任务要求	1. 在中国庭审公开网中选择与信用有关的民事案件进行旁听并分析。
	2. 以班级为单位，各班分组完成，填写组员基本情况。
	3. 按照组织观看、讨论，进行任务分工，记录任务完成情况。

任务完成情况记录

二级学院			专业、班级	
小组人数			起止时间	
学号	姓名	联系方式	在本任务中的分工情况	本人签字
旁听时间		旁听地点		
网址链接				
案件基本情况				

案件庭审经过及处理结果	
解决案件所适用的法律	
收获和体会	
任务评价	根据学生完成活动情况进行星级评定，填充五角星。
	教师评价 ☆ ☆ ☆ ☆ ☆
	学生评价 ☆ ☆ ☆ ☆ ☆

任务三　微视频制作：大学生诚信

任务名称	微视频制作：大学生诚信
任务描述	根据学习主题，结合学习体会，完成一段时长 5 分钟左右的、以"大学生诚信"为主题的微视频作品。本任务采取团队合作的方式共同完成，应进行恰当的分工安排，团队成员都必须承担一定的工作任务。
任务要求	1. 前期策划。根据拍摄主题，拟定作品的主线、中心思想，完成拍摄内容的文案编辑工作。
	2. 脚本编写。完成视频作品的脚本编写，编写内容要具备可操作性，这是顺利完成拍摄的关键环节。每一位参与拍摄的同学都应充分了解拍摄脚本的内容，并且在最终拍摄前对其进行不断修改与完善。
	3. 拍摄前准备工作。准备一台具备摄录功能的设备，如手机、相机、DV 机等；确定拍摄地点环境的安全性；检查拍摄过程中需要的演员、工作人员、物料是否准备到位。
	4. 正式拍摄。要根据拟定好的脚本进行拍摄。如果该作品是现场收音，请确保拍摄现场环境保持安静。
	5. 后期剪辑。根据拍摄素材内容，使用视频编辑软件进行编辑。建议为作品配上字幕、背景音乐，以提高作品的观赏体验。
	6. 为作品命名，并且在片头标注，同时在视频的片头或者片尾标注参与拍摄的人员名单及分工。
	7. 仔细检查作品内容的完整性、正确性，确保无误后提交作品。在提交作品的时候，注意修改视频文件名称，文件命名格式为：班级 + 作品名称 + 作者名字（或团队名称）。
	8. 作品分享。可以将作品分享至社交平台。

任务完成情况记录

任务分工	该视频制作任务通常需要文案编写人员、拍摄人员、配音人员、素材收集人员、演员、场务工作人员等共同合作完成。请根据团队实际情况填写下列内容。如果一人承担多项任务，可以标注为：张三 导演／文案／场务			
	姓名			
	完成的任务			
	姓名			
	完成的任务			

脚本撰写（仅供参考，表格可另附纸张自行添加）

镜头序号	时长	拍摄场景/画面	字幕（解说内容）	配　　乐	场景拍摄所需物料
（填写示例）	15s	教学楼的正面，主演从阶梯走进教学楼。	今天，我们非常有幸能够采访学院的教学名师李老师。	钢琴曲伴奏，节奏轻快	
（填写示例）	3 min	李老师办公室，主演采访李老师的过程。	采访对话内容	无伴奏，视频音轨采用现场录音	话筒；采访问题清单
1					
2					
3					
4					
5					

任务评价	根据学生完成活动情况进行星级评定，填充五角星。	
	教师评价	☆ ☆ ☆ ☆ ☆
	学生评价	☆ ☆ ☆ ☆ ☆

任务四　调查实践：关于征信，你了解多少？

任务名称	调查实践：关于征信，你了解多少？
任务描述	登录信用中国网站进行学习了解，完成以下任务。

任务完成情况记录

什么是征信?	
在信用中国网站上查询自己的征信情况,进行简单的自我分析。	
在今后的学习与生活工作中,我们应该怎么维持良好的征信记录?	

任务评价	根据学生完成活动情况进行星级评定,填充五角星。	
	教师评价	☆ ☆ ☆ ☆ ☆
	学生评价	☆ ☆ ☆ ☆ ☆

实践感悟

    诚信是时代的需要，也是奋斗者必备的基本素质。守信践诺、以诚立身的精神风貌是新时代大学生的追求。诚实守信并不是一句空话，是需要每个人用实际行动践行的职业操守，更是一种人生态度。作为新时代的大学生，我们应该成为"诚信"价值理念的坚定守护者、成为社会主义核心价值观的模范践行者。

    通过本阶段的实践活动，你有哪些收获和感想，请记录下来。

实践感悟

延伸阅读

（1）书籍：《职业道德与职业素养》，尹凤霞主编。

（2）书籍：《大国信用：全球视野的中国社会信用体系》，吴维海、张晓丽著。

（3）书籍：《理想实习生》，肖桐著。

（4）书籍：《职业道德理论与实践》，魏则胜主编。

（5）书籍：《职业道德与成就自我》，刘静主编。

（6）书籍：《转型期中国诚信文化建设研究》，余玉花主编。

第三篇 专注篇

在长期实践中，我们培育形成了执着专注、精益求精、一丝不苟、追求卓越的工匠精神。

——2020年11月24日，习近平在全国劳动模范和先进工作者表彰大会上的讲话

 任务单

任务目标	1. 加深学生对职业生活中以专注为表现的工匠精神的认识和理解。 2. 引导学生自觉认识在工匠精神中专注能力的重要性，提升新时代大学生对于劳模精神和工匠精神的认同感。
任务项目	1. 通过微辩论活动导入问题：什么是专注？为什么要专注？坚守一件事的专注值得吗？ 2. 进行理论学习和案例研讨，探索以上问题的答案，树立正确的专注精神。 3. 完成实践任务，践行以专注力为主要体现的工匠精神，将专注当成一种习惯，提升职业素养，为未来就业做好准备。 4. 参与任务评价，记录实践感悟。
实践要求	1. 认真学习理论，搜集资料，积极思考，能够辩证地看待问题。 2. 积极参与实践任务，注重团队合作，注意安全。 3. 按要求提交实践作品，积极分享资料，巩固学习成果。 4. 客观公正地评价他人的实践作品。

案例二　好工人李锋

2016 年 6 月 25 日 20 时 00 分，我国长征七号火箭在海南文昌航天发射中心首次升空。长征七号火箭是中国载人航天工程为发射货运飞船而研制的新一代运载火箭，它一飞冲天，创造了中国航天史的多项第一。

2006 年 5 月，在长征七号火箭的总装车间里，来自全国各地的、数以万计的火箭零部件在这里集结，经过严格的组合测试后，将被运送到海南文昌发射场组装。但其中有一个部件要被特别处理，它就是长征七号火箭的惯性导航组合。火箭的惯性导航组合在行内被简称为"惯组"，它就像火箭的"眼睛"，承担着在茫茫太空中测量火箭的飞行方向、速度和所在位置的重要功能，其目的就是要让火箭飞得更准、更平稳，对提高入轨度和可靠性具有非常重要的作用。在航天科技集团九院的车间里，铣工李峰负责加工的部件是"惯组"中的加速度计。如果说"惯组"是火箭的"眼睛"，那么其中的加速度计就像眼睛中的晶状体，其精密复杂的程度和脆弱性，在整个加工过程中容不得丝毫闪失。"惯组"器件中每减少 1 微米的变形，就能缩小火箭在太空中几千米的轨道误差。1 微米为 0.001 毫米，是目前人类机械加工技术难以靠近的精度。

从毛坯到成型，一个零件需要经历车、钳、铣、研磨等 17 道工序。零件经粗加工以后，既要放到 100℃ 的保温炉中烘烤，也要在 −70℃ 的液氮中经受低温的考验。经过"冰火两重天"的极限考验以后，零件的性能基本稳定，才能开始精加工。李峰的工作室主要负责精铣工作，属于零件加工的第 11 道工序，如果稍有不慎，前面的 10 道工序就将前功尽弃。在李峰的工作模式里，"吹毛求疵"、精益求精已经成为一种信仰。李峰所加工的工件经测量后只存在 5 微米的公差，已经达到相当高的精度，但执拗的李峰还是要返工，他说："加也是误差，减也是误差，只有零位是最好的，我达不到零对零，但一定要向那个方向调整。如果一开始就马马虎虎的，那很可能因为一个小小的装卡误差，零件就报废了。"

刀具是决定加工精度的关键，正刃口的一个小缺口就会导致几微米的加工误差，必须加以精磨修整。在高倍显微镜下，手工精磨刀具是李峰的绝活。李峰心细如发、探手轻柔，他所有的功力都汇聚在手上。看李峰借助 200 倍的放大镜手工磨刀才会让人明白，为什么工匠的技能被称为"手艺"。

李峰的父亲是一名磨工，也是厂里成品率最高、返工率最少的冠军。他对李峰言传身教："干活干活，得干一次比一次灵活，干一次有一次收获才行。你不能稀里糊涂就干下去，否则一辈子也长进不了。"作为"航二代"，高中毕业的李峰正好赶上单位技校招生，由此开启了他与航天事业、与铣工岗位精密加工的不解之缘。从 1990 年技校毕业进厂至今，李锋二十多年的痴心坚守，只为做一个好工人，一个拥有高超技能的铣工。

（资料来源：王雪亘．工匠精神——培育与高技能人才成长．杭州：浙江科学技术出版社，2010.）

案例思考

李峰身上体现了什么精神?

案例解读

在平凡的工作岗位上,李峰踏实敬业、潜心钻研、勇攀技能高峰,体现了专注专业、精益求精的工匠精神。他以高度的责任感和使命感,为我国航天事业发展和社会经济建设做出了突出贡献,不仅实现了超越自我的人生价值,更给当代大学生成长成才带来了新的启迪:劳动创造奇迹,只要努力付出,一切皆有可能。

案例三 南高齿——以专注和极致诠释"大国工匠"精神

全球市场占有率排名第一、出口额逐年增加、国际地位不断提升、在业内拥有绝对影响力……在风力发电传动设备行业,有这么一家企业,一直专注高端制造业,连续 5 年市场占有率稳居全球第一,近年来进一步扩大已有优势,向轨道交通、工业装备行业齿轮箱市场开疆拓土。

这家 50 年来一直在实体经济制造业深耕细作的企业,就是南京高速齿轮制造有限公司(以下简称"南高齿")。作为南京市唯一被国家工信部认定的首批制造业单项冠军示范企业,南高齿也是南京市"专精特新"中小企业中的成功典范,以专注和极致不断诠释"大国工匠"精神。

坚持不懈 专业源自专注

成立于 1969 年的南高齿,专业从事高速、重载、精密齿轮传动装置的生产和制造,是涵盖风力发电、轨道交通、工业装备等业务领域的全球传动领域领导者。近年来,走在转型升级道路上的南高齿,逐渐确立了以风力发电传动设备为生产主方向,不仅实现了全球市场占有率排名第一的目标愿景,还在 2016 年入列工信部"首批制造业单项冠军示范企业"。截至目前,南高齿国内市场份额超过 60%,全球市场份额超过 30%,实现了业务全球战略规划:以中国总部为中心,在美洲、欧洲、亚太分别设立业务区域总部,取得了行业领导地位。2007 年,南高齿在香港上市(股票名称"中国高速传动",股票代码 00658.HK)。

虽然中美出现贸易摩擦,但是美国客户对南高齿的依赖度不断上升,公司 2019 年的订单量同比出现大幅提升。中国高速传动董事会主席胡曰明告诉记者,长期以来,南高齿紧跟国家发展战略,先后自主研发了为多种机型风电机组配套的风电齿轮箱。公司秉持零缺陷的理念与流程,确保产品在整个生命周期内符合高质量标准,为客户创造最大的价值。在企业发展过程中，南高齿始终坚持以客户为中心，在生产管理、工艺研发、服务水平上不断创新和突破，赢得国际市场的信任和认可，在全球化的道路上越走越稳。胡日明认为，中国公司只要具备强大的创新能力、研发水平，掌握核心技术、自主知识产权，保证产品质量、服务水平，不管外界环境如何变化，都能在国际市场上立于不败之地。

创新求变　发力三大业务

"市场千变万化，机遇与挑战永远并存。在21世纪的第二个10年伊始，我们就提出了'二次创业，再创辉煌'的口号，激励自己不断超越自我、激流勇进。"南高齿董事长兼总裁胡吉春介绍，经过多年的发展，南高齿已经形成风力发电、轨道交通、工业装备三大业务格局，旗下品牌"NGC"是中国名牌及江苏省重点培育和发展的国际知名品牌。

目前，南高齿已经成为徐工、三一、中联重科等国内知名公司的产品解决方案提供商。同时，随着"一带一路"建设的不断推进，中国和印尼正全方面推进各领域的合作。南高齿于2014年建立亚太区域总部，凭借先进的技术、可靠的质量和周到的服务，以新加坡为中心，辐射亚太地区，持续在印尼开拓市场，并与印尼海德堡、印尼国家电厂等客户建立了紧密的合作关系。2017年，南高齿的工业装备齿轮箱业务已实现20%的增长。

胡吉春表示，随着我国逐步从"制造大国"向"制造强国"转变，中国制造业正迎来新的机遇。站在新的历史起点上，乘着时代发展的春风，南高齿将以振兴民族制造业为己任，加速推进企业国际化进程，积极参与国际合作与竞争，力争为全球客户提供更多具有更高科技含量的优质产品，打造具有核心竞争力的国际知名品牌。

（资料来源：金融界．南高齿：以专注和极致诠释"大国工匠"精神［EB/OL］（2019-04-01）［2021-08-10］．https：//baijiahao.baidu.com/s？id=16295840271097 50698&wfr=spider&for=pc）

案例思考

南高齿成功的秘诀是什么？

案例解读

一个企业的成功，源于对其领域的专注用心，源于专注产品的千锤百炼、精益求精，用点滴细节成就更好品质。南高齿从1969年成立至今，始终专注于本行业领域的研究和发展，紧跟国家发展战略，一直是行业领域的领导者。南高齿以振兴民族制造业为己任，不断提高创新能力和研发水平，在掌握核心技术、自主知识产权，保证产品质量、服务水平等方面实现突破和提升。南高齿作为南京市"专精特新"中小企业中的成功典范，以专注和极致诠释了"大国工匠"精神。

案例四　郑志明——勇当汽车工业的革新者

人物档案：郑志明，广西汽车集团有限公司首席专家、高级技师，获"全国技术能手""广西劳动模范"等荣誉称号。他是一名手工划线钻孔可以控制在 0.05 mm 以内，锉削平面可以控制在 0.002 mm 以内的钳工"老师傅"，以他名字命名的"国家级技能大师工作室"，仅 2015 年度就完成工艺装备自主研制项目 95 项，为公司直接创造经济效益 1 966 万元。

追求极致　巧思创新　成就自我

中国每生产 10 辆汽车，就有近 1 辆是"柳州制造"。快速发展的汽车工业给技术研发、设备工艺带来了新的难题和挑战。

在中国西南最大汽车零部件生产基地——广西汽车集团有限公司，首席专家郑志明就是一位勇于面对这些难题和挑战的革新者，他 28 岁成为高级技师，37 岁成为集团首席专家。他从一名钳工做起，不断学习其他领域的知识和技术，集制作、设计、建模、组装等各项技能于一身，他从未停止过对技术进步的追求，一直孜孜不倦地不断学习，不断磨炼自己的技术，他经常挂在嘴边的话是："遇到困难是学习机会，要尽量想方设法攻克。"

日夜磨炼　只为精度进步 0.01 mm

郑志明刚进入工厂时，就从钳工做起，经过 20 年的磨炼，如今，他的钳工水平是广西汽车集团里最"牛"的，手工划线钻孔可以控制在 0.05 mm 以内，锉削平面可以控制在 0.002 mm 以内。这是什么概念呢？一根头发丝的直径大约为 0.07 mm，他能将误差控制到比头发丝还细小的精度。

"汽车零部件生产的精确度要求非常高。"郑志明说，"即使是在外人看起来不起眼的两个小孔，我也要把它的精度做到更高、更精准、更精细些。如果我的产品精度越高，设备精度就会越高、耐用度就越好，加工制造出来的产品也会越好。"一个孔精度的误差对发动机、减速器等重要部件的寿命、噪音等，都将产生不良影响，降低汽车品质，严重的甚至会导致转向卡死等后果。为了缩小 0.01 mm 精度的误差，郑志明都要付出百倍的精力去打磨自己的技术。

钻孔是钳工的常规工作之一，在郑志明专用的工具柜里，有 10 多个大大小小的工具箱，大的工具箱有 20 多把工具，小的也有 10 来把工具。这些工具大部分都是他自制的，其精度、准确度、适用度非常高，如今，他把这些工具传承给了徒弟们。

"钳工技术要靠不断地练习、学习和思考，才能不断进步。"郑志明说，要做一名高水平的钳工，就要做到人刀合一、刀随心走，才能将零件加工误差控制在丝毫之间。可是，想要练到这一步谈何容易！常规使用的工具，锉刀有 10 多种、铰刀 20 多种、钻头 10 多种、锤子 10 几类，加上自己制作的小工具，一名钳工要掌握 100 多种工具，想要练到人刀合一，何其艰难！

但是，郑志明做到了，"这些年使用了多少练习材料数也数不清，仅练习用坏的工具，都是用吨来计算吧。"

全方面发展的复合型专家

在全球品牌汽车大厂陆续在汽车生产线导入机器人的背景下，郑志明和他的团队走在了广西汽车零部件机器人生产线自主研发的前列。

郑志明成为集团的首席专家，凭借的不仅是顶尖的钳工技术，他的车、铣、磨、线切割水平也相当了得，而且还有三维建模技术和机械设计技术的特长。早在2003年，为了让自己的能力更上一层楼，郑志明开始学习机械设计。在平时的休息时间，他就自学机械制造和机械加工工艺、夹具设计制造等知识。在近10年的时间里，他把公司技术部门的机械加工工艺和模具、夹具设计制造等方面的书籍都看完了，终于在2012年，能够独立设计设备。

"只看书是不够的，还要有工作经验的积累。"郑志明说，自己能够独立进行机械设计，得益于做钳工时制作过上千种零部件，熟悉各种零部件。

在郑志明工作的车间，有一台正在安装的双头铣设备，占地面积约10 m²，由上千个零部件组成，用于汽车后扭梁的前束角和外倾角的交角空间加工。由于此前使用旧设备生产的后扭梁合格率低，公司一直想设计新的加工设备。一次偶然的机会，郑志明到一家汽车厂参观，看到了类似的加工设备。"当时只有5分钟，我一边听对方工作人员解说，一边观看设备的外部组成结构，琢磨那台设备的运行原理。"弄明白了旧设备的症结，存在的问题迎刃而解。回到公司后，郑志明只花了3个月的时间，就设计出一台自动化加工汽车后扭梁的设备——双头铣。

近年来，汽车行业竞争越来越激烈，汽车生产技术更新换代加快，郑志明身上的担子更重了。从他能够独立设计生产设备之后，他每年都获得设备设计方面的奖项，多套新设备设计成功，上百套新设备交付使用。"我喜欢不断挑战，更喜欢挑战胜利之后的那种感觉。"郑志明说，每当他到其他汽车零部件生产车间观看自己设计的设备的运行情况，听到工人们称赞自己设计的设备时，心里就充满了自豪。

匠心之火　代代相传

初入企业时，师傅的深深教诲和无微不至的关怀，帮助郑志明取得了长足的进步。

"报答恩师，不仅要自己努力奋斗，获得一定的成绩给师傅长脸，更要将师傅传授给自己的宝贵技术经验继续传承下去，让匠人的一片匠心继续发扬光大。"郑志明现在收了十多位徒弟，对每一位徒弟他都严格要求，不仅将自己的钳工技术传授给徒弟，还勉励徒弟们要沉得下心，认真、刻苦磨炼技术。这些年，郑志明带着徒弟一步步铲除路上的荆棘爬向顶峰，又一次次挑战新的山峰，先后获得国家发明型和实用型专利各1项，多项成果获广西先进工艺装备及先进设备改造评比一、二、三等奖。

2014年5月，"郑志明国家级技能大师工作室"挂牌成立，年仅37岁的郑志明挑起了工作室带头人的大梁，工作室核心团队共15人，每人的技术特长不一，分工明确、合作默契，3年来硕果累累。

工作室成立当年，郑志明带领工作室成员共完成工艺装备自主研制项目 18 项，交付使用工艺、工程装备共 24 台套，减少生产操作岗位 40 个，间接创造经济效益 280 多万元。2015 年，团队共完成工艺装备自主研制项目 95 项，交付使用的工艺装备共 130 台套，较 2014 年同比增长 96%，为公司直接创造经济效益 1 966 万元，减少生产操作岗位 55 个，可间接创造经济效益 282 万元。2016 年，团队自主研制项目 75 项，交付使用的工艺装备共 190 台套，较 2015 年同比增长 46%，为公司直接创造经济效益 1 300 多万元，减少生产操作岗位 23 个，可间接创造经济效益 115 万元。

现代工业是手艺与科技的结合，热衷于创新和发明的工匠们一直是世界科技进步的重要推动力量。作为广西机器大工业中新技术、新能力的钻研者和革新者，郑志明把工匠精神融入对每个零件的精心打磨、对每个设备工艺的精巧创意中。这些工匠们追求极致，巧思创新，推动着中国汽车制造业与时俱进、砥砺前行！

［资料来源：工人日报 . 郑志明：勇当汽车工业的革新者［N］. 工人日报，2017 - 10 - 12（02）］

案例思考

郑志明 28 岁成为高级技师，37 岁成为集团首席专家，一直支撑他不断取得成绩的动力源自哪里？这一动力对于个人和国家有何重要意义？

案例解读

在郑志明身上表现出的一种浓烈的家国情怀，将个人奋斗与国家的前途、民族的命运、人民的幸福紧密联系在一起，这让他自觉肩负起时代赋予的历史使命，以时不我待、只争朝夕的精神投入工作。郑志明以昂扬的斗志、饱满的精神，投入自身的工作岗位当中，精心打磨每个零件，精巧创意每个设备工艺，他追求极致，巧思创新。幸福是奋斗出来的，平凡的岗位因奋斗而精彩，产业的发展因奋斗而前行，个人的梦想因奋斗而闪耀，中国梦也因奋斗而实现。

实践任务

任务一　采访报道：劳动模范在身边

任务主题	采访报道：劳动模范在身边
任务描述	挖掘身边具有专注精神的劳动者，讲述他们的故事，通过学习榜样先进事迹汲取榜样力量，提升自我的道德修养，加深对执着专注精神的理解。

任务要求	1. 课下，以小组为单位，采访一名具有执着专注精神的劳动者，将采访过程及感悟通过视频或 PPT 的形式记录下来。
	2. 课上，个人或小组代表分享采访视频或进行 PPT 展示，时间为 3~5 分钟。
	3. 每个同学记录采访报道过程及感悟。

任务完成情况记录

采访对象	
采访地点	
采访时间	

团队分工	该采访报道任务通常需要文案编写人员、拍摄人员、采访者、场务工作人员、后期整理材料人员等共同合作完成，请根据团队实际工作情况填写下列内容。			
	姓　名			
	工作安排			
	姓　名			
	工作安排			

采访对象先进事迹	

采访感悟 （400字）	
佐证材料 （课上展示材料、采访 照片等）	

任务评价	根据学生完成活动情况进行星级评定，填充五角星。	
	教师评价	☆ ☆ ☆ ☆ ☆
	学生评价	☆ ☆ ☆ ☆ ☆

任务二　观看央视系列节目：《大国工匠》

任务名称	观看央视系列节目：《大国工匠》
任务描述	《大国工匠》讲述的是劳动者用双手匠心筑梦的故事。通过观看《大国工匠》，进一步深入理解专注的重要内涵，坚定做一个执着专注职业人的信念。
任务要求	观看纪录片，独立思考后，填写任务完成情况记录。

任务完成情况记录

你的观后感悟是什么？	
你认为专注的品质对于个人、社会及国家有何意义？	
在将来的岗位上你将如何做？	

体会感悟 （400 字）	
任务评价	根据学生完成活动情况进行星级评定，填充五角星。
	教师评价　☆ ☆ ☆ ☆ ☆
	学生评价　☆ ☆ ☆ ☆ ☆

任务三　调查报告：大学生对劳模精神的认同程度

任务主题	调查报告：大学生对劳模精神的认同程度
任务描述	以大学生对劳模精神的认同程度为主题开展调查，了解新时代大学生对于劳动精神的看法及认同程度，培养新时代大学生正确的劳动观。
任务要求	1. 调研准备。分析相关资料，设计调查问卷，确定调查方案和调查方法。
	2. 调研实施。发放、回收调查问卷或进行访谈调查，分析数据，获得调查结果。
	3. 撰写调查报告。根据调查事实和结果撰写调查报告，对调查背景、目的、结果、建议等进行说明，字数不少于 2000 字。

任务完成情况记录

	姓名	班级	学号	具体分工	联系方式	签名
任务分工						

调研起止时间	
调研地点	
调研对象	

调研方法 （选择项打√）	访谈		问卷调查	□实地发放 □网络发放	其他 （请说明）	

调研背景	
调研目的	
调研结果及建议	
调研的收获和体会	
佐证照片	

任务评价	根据学生完成活动情况进行星级评定，填充五角星。	
	教师评价	☆ ☆ ☆ ☆ ☆
	学生评价	☆ ☆ ☆ ☆ ☆

任务四　记录与专业相关的技能操作

任务名称	记录与专业相关的技能操作
任务描述	技术技能型人才离不开执着专注的能力，体现在对自身专业技能的勤学苦练、认真钻研和不断总结中，应将自己每一件工作当成艺术品去精雕细琢，使自身的操作技能不断熟练，愈发精准。
任务要求	1. 选取一项与自身专业相关的技能进行操作，并认真记录 21 天。 2. 在课堂上分享自己的劳动感悟。

任务完成情况记录

任务实施	相关专业技能			
	第 1 天	□完成	□未完成	自我评价：
	第 2 天	□完成	□未完成	自我评价：
	第 3 天	□完成	□未完成	自我评价：
	第 4 天	□完成	□未完成	自我评价：
	第 5 天	□完成	□未完成	自我评价：
	第 6 天	□完成	□未完成	自我评价：
	第 7 天	□完成	□未完成	自我评价：
	第 8 天	□完成	□未完成	自我评价：
	第 9 天	□完成	□未完成	自我评价：
	第 10 天	□完成	□未完成	自我评价：
	第 11 天	□完成	□未完成	自我评价：
	第 12 天	□完成	□未完成	自我评价：
	第 13 天	□完成	□未完成	自我评价：
	第 14 天	□完成	□未完成	自我评价：
	第 15 天	□完成	□未完成	自我评价：
	第 16 天	□完成	□未完成	自我评价：
	第 17 天	□完成	□未完成	自我评价：
	第 18 天	□完成	□未完成	自我评价：
	第 19 天	□完成	□未完成	自我评价：
	第 20 天	□完成	□未完成	自我评价：
	第 21 天	□完成	□未完成	自我评价：

体会感悟 （400 字）		
任务评价	根据学生完成活动情况进行星级评定，填充五角星。	
	教师评价	☆ ☆ ☆ ☆ ☆
	学生评价	☆ ☆ ☆ ☆ ☆

实践感悟

　　《2020 年全国劳动模范和先进工作者倡议书》呼吁，全国各行各业的劳动者干一行爱一行，钻一行精一行，以勤学长知识，以苦练精技术，以创新求突破，努力成为知识型、技能型、创新型劳动者。在全社会范围内大力弘扬工匠精神，必将推动广大劳动群众以实干成就梦想，在平凡中彰显不凡，汇聚砥砺奋进的强劲动能。

　　通过本阶段的实践活动，你有哪些收获和感想，请记录下来。

实践感悟

延伸阅读

（1）书籍：《工匠精神——国家战略行动路线图》，付守永著。

（2）书籍：《工匠精神——培育与高技能人才成长》，王雪亘著。

（3）书籍：《工匠精神——卓越员工的十项修炼》，郑一群著。

（4）书籍：《工匠精神——向价值型员工进化》，付守永著。

第四篇 创 新 篇

创新是一个民族进步的灵魂，是一个国家兴旺发达的不竭动力，也是中华民族最深沉的民族禀赋。在激烈的国际竞争中，唯创新者进，唯创新者强，唯创新者胜。

——2013 年 10 月 21 日，习近平在欧美同学会成立 100 周年庆祝大会上的讲话

 任务单

任务目标	1. 深刻理解什么是创新？为什么要创新？进一步明确如何在工作学习生活中开展创造性劳动等问题。 2. 引导学生增强创新意识，提高创新能力，提升创新素养。
任务项目	1. 通过微辩论活动导入问题：什么是创造性活动？为什么要开展创造性活动？创造性活动对于普通人的意义是什么？ 2. 进行理论学习和案例研讨，探索以上问题的答案，培育创新意识。 3. 完成具体实践任务，增强创新意识，在实践中将创新意识转化为创新行为，努力提高创新能力，提升自我创新素养。 4. 参与任务评价，记录实践感悟。
实践要求	1. 认真学习理论，搜集资料，积极思考，能够辩证地看待问题。 2. 积极参与实践任务，注重团队合作，注意安全。 3. 按要求提交实践作品，积极分享资料，巩固学习成果。 4. 客观公正地评价他人的实践作品。

活动导入

任务名称	微辩论：创造性劳动，难不难？		
任务描述	围绕"创造性劳动，难不难？"的主题进行一次辩论。正方所持观点为"创造性劳动，难"；反方所持观点为"创造性劳动，不难"。		
任务要求	1. 设主席 1 人，正、反方辩手各 4 人，计时员 1 人，所持观点抽签决定。		
	2. 立论阶段：由双方的一辩完成，要求立论的框架明确、语言通畅、逻辑清晰，能够正确阐述本方的立场（时间：2 分钟）。		
	3. 驳立论阶段：由双方的二辩进行，旨在针对对方立论环节的发言进行反驳，并补充本方立论的观点，也可以扩展本方的立论方向和巩固本方的立场（时间：2 分钟）。		
	4. 质辩环节：由双方的三辩提问对方一、二、四辩各一个问题，对方辩手分别应答。每次提问时间不得超过 15 秒，三个问题累计回答时间为 1 分 30 秒。问答结束后，由双方三辩作质辩小结（时间：1 分 30 秒）。		
	5. 自由辩论阶段：双方辩手及全班同学都可以参加，辩论双方交替发言，双方均有 5 分钟的累计发言时间，在一方时间用完后，另外一方可以继续发言，直至本方的时间用完。		
	6. 结辩阶段：由双方四辩完成，总结本方观点，阐述最后的立场（时间：2 分钟）。		
任务时间	30 分钟		
任务评价	根据学生完成活动情况进行星级评定，填充五角星。		
	教师评价	☆ ☆ ☆ ☆ ☆	
	学生评价	☆ ☆ ☆ ☆ ☆	
活动总结 （请学生结合主题进行思考，在查询资料、参与活动的基础上完成总结填写）			

理论学习

"创新"一词最早见于拉丁文，含义为更新。"创新"在《现代汉语词典》里的解释是"抛开旧的，创造新的"。创新就其本质来说，是一种追求进步、追求发展、追求卓越的理念，也是一种促进社会进步、促进企业经济发展的动能。

纵观人类发展历史，创新始终是推动一个国家、一个民族向前发展的重要力量，也是推动整个人类社会向前发展的重要力量。创新是多方面的，包括理论创新、体制创新、制度创新、人才创新、科技创新等。当今时代，新一轮科技革命和产业变革迅猛发展，以互联网、大数据、人工智能为代表的新一代信息技术应用加速，创新成为引领发展的第一动力。作为发展中国家，中国目前正在大力实施创新驱动发展战略。

面对日新月异的科技进步，面对繁重复杂的发展任务，新时代劳动者不仅要爱劳动、会劳动，而且要懂技术、能创新。社会学家艾君曾在《时代需要创新劳动》一文中提到，"简单说，创新劳动就是创造性地劳动，即通过人的脑力劳动萌发出技术、知识、思维的革新，从而高效提升劳动效率、产生出超值社会财富或成果的劳动。"创造性劳动是以知识、技能、情感的再造为基本特征，以创新、创先、创优为基本表现形式，以促进人的全面发展和社会全面进步为根本目标的劳动。简单模仿、一味重复的常规性劳动无法推动事物实现质的突破，唯有创造性劳动才能最大限度地挖掘人的创造性思维、释放人的主观能动性，突破现有事物旧的表现形式和物质形态。

案例研讨

案例一　"匠心＋创新"让高速公路尽显"新可能"

在隧道入口前种植一片遮阳植物来消除黑洞效应、根据外界亮度变化实时调节隧道内部灯光亮度、隧道发生事故自动拦截并发出文字和语音提示信息、车辆超限检测联动阻止超高超宽车辆进入高速……这些看似并不很"高大上"的发明，却在高速公路的运营、建设和维护上，产生了很大的作用。

这些发明"诞生"于浙江交通集团下属单位，浙江金丽温高速公路有限公司（以下简称"金丽温公司"）的刘松荣技能大师工作室。自该工作室成立以来，其团队多次承担重要科研任务，并于2019年底获评国家级技能大师工作室。

建章立制促发展　带徒传艺技艺深

2015年，为了更好地解决高速公路机电设备升级改造过程中存在的难点，使机电设备在性能上和功能上实现双提升，金丽温公司决定在原有设备专业维护技术小组和机电设备改造工作小组的基础上，整合资源，正式成立刘松荣技能大师工作室。工作室成立后，在提高自主创新能力、完善运行机制、强化内部管理和建立长效机制等方面狠下功夫，使工作室运行有章可循。

在提高自主创新能力方面，该工作室充分发挥党员大师带头人作用，进行带徒传艺，定期开展大师讲堂、核心成员公开课等活动，通过交流心得体会、想法思路、工作经验、专业知识等，助力技术队伍整体水平提升。同时，充分发挥一线人员动手能力强、维护维修经验丰富、熟悉现场需求、熟悉品牌的性能差异等优势，积极与高校、科研院所、高新企业合作，开展创新项目研究。通过参与课题研究培养和成长了一批"专业技能＋专业技术"复合型人才。

通过党员大师带头和科学规范化管理，截至目前，刘松荣技能大师工作室共培养高技能人才69人，相继承担了浙江省交通厅《高速公路匝道全景图像监控与交通事件识别预警系统研究》《高速公路涉路作业安全智能预警系统及应用研究》等科研任务，其中《高速公路合同能源管理应用评价体系研究项目》被中国公路学会授予"科学技术二等奖"，被浙江省科学技术厅授予"科技进步三等奖"。

一花独放不是春　百花齐放春满园

2018年3月，金丽温公司以刘松荣技能大师工作室为示范，在沿线各处成立了收费、监控、通信网络、隧道、供配电、信息化6个分工作室。一处一室，一室一专业，将带徒传艺、技能攻关、技艺传承、技能推广的作用辐射到每一个生产单元。

刘松荣技能大师工作室则充分发挥模范带头作用，以小发明、小革新、小改造、小设计、小建议的"五小"创新活动为契机，充当桥梁和纽带，带领各部门对节能减排、隧道运营安全等方面提出意见建议，引导广大员工从管理、机制、科技、信息化等方面，挖潜力、控成本，激发员工参与创新的积极性、主动性和创造性。

在"人人皆能创新，事事皆可创新"的良好氛围中，近年来，金丽温公司还积极探索成果转化模式，制定科技成果孵化机制，将有价值的发明创造跨业务与其他企业进行合作，走出了"科研＋生产＋销售"成果转化的第一步。

2019年11月，金丽温公司在杭州举行了创新项目孵化签约仪式，签约了"E路通理赔官路产赔付软件""涉路作业安全智能预警系统""路面裂缝贴缝机"三个项目，分别以专利转让、授权生产、合作销售等形式与企业开展合作。

"一花独放不是春，百花齐放春满园。我希望有更多团队能够脱颖而出，让交通行业的发展更加丰富。"刘松荣说。

酒香也怕巷子深 "进""出"扩大影响力

"酒香不怕巷子深"的时代已经过去了，信息时代不能再闭门造车。刘松荣表示，接下来，工作室将以"五个一流"的发展思路为指引，走出去、请进来，打造新时代"工匠精神"。

在定期对已解决生产技术难题、已改进生产工艺和已处理设备故障进行归纳整理基础上，工作室积极开展横向交流，锻炼"吆喝"能力，通过走出去，把好经验、好做法、科研项目成果等，带到集团或是兄弟单位进行交流汇报，扩大公司和工作室的影响力与知名度。

刘松荣表示，工作室不仅要"走出去"，外出取经、开拓思路，还要"请进来"，既鼓励高技能人才参加专业技术资格评审，也欢迎专业技术人才参加职业技能评价，还通过邀请高校及科研院所的资深教授、研究员为项目进行指导，继续加强与科研院校、高新企业的交流合作，提升工作室攻关创新能力。

（资料来源：张灵. 刘松荣国家级技能大师工作室："匠心＋创新"让高速公路尽显"新可能"［EB/OL］（2020－05－13）［2021－08－10］. http：//www. huaxia. com/ztlx/zjxw/2020/05/6413669. html）

 案例思考

刘松荣国家级技能大师工作室的创立与发展带给我们怎样的启示？

 案例解读

刘松荣立足岗位，以"工匠精神"创造了属于自己的精彩。在日常工作中，创新虽非易事，但每一次创新都源于对问题的发现，成功于大胆的探索和知识的积累。有一次，公司的重大设备出现故障，不但要及时抢修，还要承担一笔巨额维修款。这让刘松荣明白，"国之重器不能受制于人"，于是，她主动请缨成功修复机电设备，最终为公司节约维修费用近17万元。成立国家级技能大师工作室后，刘松荣把自己本领倾囊相授，为公司培养各类技能人才40余人，工作室营造的"人人皆能创新，事事皆可创新"的工作氛围，极大地激发了一线匠人的创造性和积极性，释放了创新活力，从而实现了技术革新，进一步推动了行业的发展。

 **案例二 创新 无关乎年纪**

我一生都在学习，我每一天都是学徒。

——王泉生（福建省迅达石化工程有限公司职工、"泉州市五一劳动奖章"获得者）

　　王泉生，一位高龄的工匠，一位永不停止学习的工匠。他充分运动自己的所知所学，一年365天都扎进工作里。

在命运面前永不服输

　　刚进入初中学习不到三个礼拜，王泉生就被迫回家务农。父亲劝他说命运就是这样，改变不了。但父亲的劝诫并没有让王泉生停止对命运的抗争，在他眼中，学习就是摆脱命运安排的唯一途径，自己虽然已经离开学校，但是不能停止学习。

　　王泉生的第一份工作是木工，主要负责造船、修船，但是他不甘于机械的修理工作，还要弄懂船身的构造。为此，他专门购买了一台照相机，用于拍摄船身的外形和结构，拍完之后，回家慢慢琢磨，逐渐将船身的门道弄得清清楚楚。就是这股学习的韧劲，为他后来的工作打下了坚实的基础。

　　1993年，王泉生进入炼油厂，负责维修设备。这和之前修船的工作完全不一样，隔行如隔山，当被询问"施工方案是什么""国务院标准是什么"等问题时，王泉生一头雾水，回答不上来，因此遭到了能否胜任该工作的质疑。为了证明自己的能力，王泉生当众展示了过硬的维修技术，让质疑他的人为之惊叹，这才同意他留下来。

在新知面前不断汲取

　　王泉生虽然只认识几百个字，但他从不迷茫，用自己的韧劲不断汲取新的知识。

　　王泉生白天干活、晚上学习，50多岁学习CAD，60多岁学习3D制图，学习永无止境……在他眼中，学习是一环扣着一环的，无论何时都不能停下来。

　　刚开始学习CAD的时候，王泉生不懂如何操作，他请教工程师，初步了解了CAD的基础原理后，就一头扎进学习中，花了三天三夜，终于掌握了CAD的入门技巧。有人说，3D画图太复杂搞不定，可在王泉生看来，只有不肯下功夫，没有学不成的事。当同事们质疑王泉生岁数太大、学不动的时候，他立下"军令状"：十天之内，用3D画出一张设备图。果然，王泉生说到做到，他用五天五夜基本掌握了3D画图技巧，在十天之内就交出了设计图，同事们都对他刮目相看。

　　知识从来不是天生的，只有在一点一滴的积累中才会愈加丰富。在国内，王泉生还首创了机械清洗原油罐，将原先的破碎机由拆卸式人工清洗改造成机械清洗，改造后不仅节能、环保，还大大避免了人力清洗带来的安全隐患。

　　在王泉生眼中，再好的设备也有技术落后的一天，这就需要与时俱进，不断更新自己的知识系统，进而改造设备。同时，他还秉承着"传帮带"的精神，把自己的知识、经验都传给下一代人，让知识永传，让学习精神永传。

　　（资料来源：东南网．"寻找行业工匠"之《创新 无关乎年纪》——王泉生［EB/OL］（2020－10－13）［2021－08－10］．http：//gxt. fujian. gov. cn/xw/ztjj/wqzt/bmjr/bmjr/202010/t20201013_ 5412167. html）

案例思考

结合王泉生的案例，你认为创造性劳动是否会受到年龄和学历的制约？

案例解读

因为家庭经济困难，王泉生没有完成初中的学习，但他在每一次工作中都凭借着一股对学习的韧劲，证明了自己的能力。他用实际行动诠释了这样一个事实：创造性劳动不会受到年龄、学历等客观条件的制约。知识从来不是天生的，只有在一点一滴的积累中才会愈加丰富。在信息高速更迭的时代，每个人都必须具有这样的认识：再好的设备都有技术落后的一天，唯有不断学习、不断创新，才能在激烈的竞争中赢得一方天地。

案例三　扶瑶织梦——瑶族扶贫之路的先行者

他们征战赛场，载誉归来。在以"我敢闯、我会创"为主题的第六届中国国际"互联网＋"大学生创新创业大赛中，他们的项目《扶瑶织梦——瑶族扶贫之路的先行者》（以下简称《扶瑶织梦》）获得广西唯一一个国家金奖，并获得本届大赛唯一一个"社区治理奖"。

生根发芽

《扶瑶织梦》团队成立的契机源自一次有意义的调研。在一次和导师调研的过程中，当地瑶族的现状给他们带来了冲击：生活环境艰苦、交通不便、教育滞后……代表瑶族文化的瑶绣面临传承困境。

调研后，他们希望做一些力所能及的事情，以改变瑶族同胞的生活现状。习近平总书记在给第三届中国"互联网＋"大学生创新创业大赛"青年红色筑梦之旅"的大学生的回信中谈到："希望你们扎根中国大地，了解国情民情，在创新创业中增长智慧才干，在艰苦奋斗中锤炼意志品质，在亿万人民为实现中国梦而进行的伟大奋斗中实现人生价值，用青春书写无愧于时代、无愧于历史的华彩篇章。"这伟大的号召也深深地影响着他们。

接下来，他们就用实干一步步地践行着希望更多的人了解瑶族文化和瑶绣的初心。而这，也是他们参加"互联网＋"大赛的契机。

"有一次，我们去到贺州的黄洞瑶乡三岐村进行调研，那里相比我们调研过的其他地方落后很多。那里的山路坡度很大，弯弯绕绕特别艰险，还记得第一次去那里时，坐在车里，我们的身体都僵着不敢动。但经过几个小时到达目的地后，那里小孩子的纯真一下子打动了我们，初见时，孩子们话少腼腆，熟络后就追着我们玩闹，我们感觉远离自己多年的童真一股脑儿地回来了。"项目负责人潘水珍回忆起感触颇深的一次调研时这样说到。这次调研后，他们对项目的落实更加有干劲：为了真正帮助到瑶族同胞，也为了让大山里的孩子们绽放出更美的笑容。

"从 2007 年开始，我就和几位志同道合的老师潜心研究瑶族非遗文化，这是一个开端。2016 年，我开始接触'互联网＋'大赛，通过五年的努力才孕育出《扶瑶织梦》这一红旅项目。"团队指导老师卢念念谈到项目萌芽时说到。

蓄势待发

"不积跬步，无以至千里；不积小流，无以成江海"。参赛的"种子"只是萌芽还远远不够，还需要脚踏实地地前行。在这个过程中，他们也遇到了许多困难。

在团队成立的最初，如何进一步优化团队成员、处理学习与备赛的时间冲突、经费的不足等，成为他们要尽快解决的问题。

通过层层选拔，多方面综合考虑，他们终于找到了适合的团队成员，进一步优化了团队成员的构成。在学习的同时，他们抓住空余的合适时间去创新创业园学习参赛技能，不断提高自身的能力。关于经费不足的问题，则通过国家政策的支持、国家艺术基金立项资助等方式解决。

随后，他们开启了"互联网＋"大赛备赛"升级打怪"之路。从校赛到区赛再到国赛，每一个阶段都是一种成长，每一步都是努力的见证。

在真正的备赛过程中，他们遇到的困难是多方面的，其中包括项目推进过程中各个环节的问题。如前期对瑶族创意产品的开发设计、联系并组织绣娘、支教扶贫、直播带货，中期的资料收集归纳、整理分析，后期的项目计划书与项目 PPT 的修改完善等。尤其在项目计划书与项目 PPT 的修改完善过程中，团队成员之间经常出现想法的摩擦，这就需要推翻一个个的观点，再根据实际修改，才能敲定最佳方案。

"遇到每一个问题我们从没有退缩，而是迎难而上，与老师沟通交流，积极寻求解决出路，探索应对措施。"正是因为面对一个又一个难题时进行实事求是地解决，他们才能一步步走到国赛的舞台。

"在备赛过程中有过 52 个小时的不眠奋战，这一过程中我被团队的'团魂'深深打动！这期间，团队的孩子们练就了坚韧不拔、吃苦耐劳的精神，这会成为他们生命中最珍贵的财富！"团队指导老师卢念念分享了难忘的备赛经历。

当问到遇到挫折有没有想要放弃时，他们给出了这样的回答："在备赛的时候，除了尽自己能力打磨项目之外，还需要准备一份满满的自信，激情澎湃地面对所有的挑战，我们没有放弃的念头，既然选择做，就要做好。"这就是团队的坚持不懈与一往无前。

乘风破浪

"山再高，往上攀，总能登顶；路再长，走下去，定能到达"。他们用汗水浇灌的"种子"也成长到开花结果的时候了。

"博观而约取，厚积而薄发"，经过长时间的积淀，《扶瑶织梦》团队的成果有目共睹：第六届中国国际"互联网＋"大学生创新创业大赛全国总决赛广西唯一一个国家金奖；第六届中国国际"互联网＋"大学生创新创业大赛全国总决赛唯一一个"社区治理奖"；第六届中国国际"互联网＋"大学生创新创业大赛广西赛区"青年红色筑梦之旅"赛道金奖。

"用汗水浇灌收获，以实干笃定前行"，无论是备赛期间还是比赛期间，他们每分每秒都严阵以待，充满激情。"遇到困难不后退，勇于挑战'不可能'。所谓'人心齐，泰山移'，从一开始就朝着'国金'这个目标，团队每位成员都心往一块想，劲往一处使，相信只要齐心协力，就没有解决不了的困难。"项目负责人潘水珍这样说到。

谈到国赛路演时的心情，项目负责人潘水珍毫不犹豫地说："路演时，除了紧张还有兴奋，当时心无旁骛，只想着如何全力以赴将项目更好地展示。"每一次成功都是披荆斩棘而来，为了追逐梦想，他们满怀期待，夜以继日的努力，台上的精彩表现，离不开台下的每一份慷慨付出。

"其实国赛时我们还准备好了复活赛的路演。因为当时比赛规则是'青年红色筑梦之旅'商业组2组排名前六获金奖，但我们路演后排在第二名，那时还有十个项目没有进行路演，这是一个难挨的过程。但好在最后总排名出来我们排在了第三名，那一刻我们都泪崩了！"获悉得奖的画面，他们仍记忆犹新。

除了这些，在这一路上，"热爱"两个字对团队有着深刻的意义。

"热爱"是卢念念老师凝练、传授给他们的指导思想，也是团队前行的精神支柱。他们热爱瑶族文化，那些精美的刺绣、五彩斑斓的服饰、精湛的工艺，让他们为之惊叹；他们热爱帮助瑶族同胞脱贫致富的事业，增收创收时，绣娘脸上那灿烂的笑容让他们为之欣慰；他们热爱推广他们探索的扶贫模式给瑶族同胞带来的收益，他们走到都安瑶族自治县，都安特色农产品线上线下销路广开，让他们为之自豪；他们热爱《扶瑶织梦》这个团队，热爱"青年红色筑梦之旅"这条路。前路漫漫，他们不断上下为之求索。

硕果累累

对于《扶瑶织梦》项目取得的成绩，他们说："在这个过程中，大家一起努力、一起奋斗，一起为一个目标展现最好的自己。不负韶华，不负青春之名。"

当谈到"扶瑶织梦"四个字的含义时，项目负责人潘水珍这样介绍："'扶瑶织梦'的'瑶'是瑶族同胞的'瑶'，不是摇摆不定的'摇'。"在以实干帮扶瑶族同胞脱贫致富，以国家级非物质文化遗产瑶族服饰编织美丽中国梦这条路上，他们走得非常坚定！

金奖的背后是汗水的堆积，荣获诸多荣誉后，他们依旧不骄不躁，不畏将来。他们将所学专业知识与瑶族传统文化、传统技艺相结合，既传承了非物质文化遗产，又探索出了有效可行的扶贫模式，高效带动了瑶族贫困地区的经济发展，为实现中华民族伟大复兴的中国梦而奋斗。

（资料来源：贺州学院．斩获国赛金奖归来，他们不骄不躁，不畏将来［EB/OL］(2020 – 12 – 29)［2021 – 08 – 10］. https：//xw. qq. com/cmsid/20201229A0J62B00）

案例思考

《扶瑶织梦》项目从萌发创意到斩获国赛金奖的历程，给你带来了怎样的启示？

案例解读

《扶瑶织梦》项目团队的组建是基于团队成员在一次假期调研中，萌生了用实干帮助更多人了解瑶族文化和瑶绣的初心，以此助力瑶乡扶贫事业。发现问题是创新活动迈出的第一步，扎实的专业知识则是创新活动开展的基础。团队成员团结协作、相互鼓励，用一份真挚的"热爱"在竞赛中披荆斩棘，最终获得了成功。"青年红色筑梦之旅"活动是中国国际"互联网＋"大学生创新创业大赛的重要活动之一，该项赛事的举办旨在鼓励广大青年学生扎根中国大地，了解国情民情，接受革命传统教育，用创新创业成果服务乡村振兴，助力精准扶贫脱贫，走好新时代青年的新长征路。习近平总书记曾指出，"中国现代化离不开农业农村现代化，农业农村现代化关键在科技、在人才"。"青年红色筑梦之旅"将高校的智力资源以及社会优质资源辐射到广大乡村，为乡村振兴注入了新动能。

 ## 案例四　看！这十大数字农业创新案例，值得学习

12月12日，在2020世界数字农业大会、第十九届广东种业博览会开幕式上，发布了十大数字农业创新案例，全面展示了数字农业创新模式，并将推动农业全面转型升级。

极飞智慧农业系统技术及实施模式

极飞智慧农业系统包括农业生产数字基础设施、智能精准农机和智慧农业生产操作系统，涵盖农业生产耕、种、管、收全过程，规划管理农田、农资、农艺、农事，助力对农业生产的全面监管，可以实现高标准农田叠加数字新基建、智慧精准农机监管、社会化农服补贴管理等功能。

华为数字农业农村智能体

华为数字农业农村智能体紧扣农业农村的发展需求，从机器视觉和智能终端、网等，对接数字农业农村业务应用，实现端到端全场景整体方案设计，打造成本可控、好用易用的场景化方案。

联通现代数字农业产业园

联通现代数字农业产业园依托5G、大数据、物联网等技术，基于现代数字农业产业园"四好"理念，不断推动产业园转型升级，推进农业全产业链和产业集群发展。

大疆智慧农业系统

大疆智慧农业系统通过"地理信息系统＋农机监管系统＋精准种植管理系统"等精准技术和系统，监控耕、种、管、收四个环节的作业质量，形成完整的种植闭环，提升农业种植的自动化水平及经济效益。

腾讯数字化农业内容生态平台

腾讯数字化农业内容生态平台紧扣"农业数字内容化＋满足用户品质需求"两大要求，持续推进"农业农村和数字内容融合""内容创作和原生营销融合""农业产销升级和用户需

求融合"，不断建设数据汇聚、内容生态、科技赋能、人才创新的四类能力，形成服务数字农业发展、数字内容融合、数字IP培育、数字人才培养和数字生态赋能"五位一体"总布局。

百万农民线上免费培训工程

百万农民线上免费培训工程以广东省"保供稳价安心"数字平台为载体支撑，汇聚科研、教育、产业等领域多层次资源，通过"线上＋线下"模式，实现"聚千名讲师、集万堂课程、惠百万农民"的工程建设目标。

区块链技术帮助乡村振兴区域特色农作物全产业链

区块链技术帮助乡村振兴区域特色农作物全产业链以蚂蚁商流链为基础，通过生产经营过程的商流、物流、资金流和信息流的四流链接协作，可以实现企业生产经营可信数据采集、关联和校验，为信用体系建设构建基础，使数据在不同的参与方之间实现安全数据流转及可控数据消费和全链路审计，保护数据隐私安全。

京东农场"谷语"数字农业管理平台

京东农场"谷语"数字农业管理平台是以京东物流集团的技术能力积累为基础开发的，面向数字农业场景的SaaS化应用工具，其为农业企业提供了完整的全生命周期数据记录和管理解决方案。

拼多多助农直播

拼多多全力助推特色农产品触网上线进城，推出全国县市长助农直播、"农地云拼"超短链模式等新电商直播模式，精减中间环节，变产销对接为产"消"对接，让消费者得到实惠的同时，也通过产业振兴带动了乡村振兴。

AI数字农业综合服务平台

AI数字农业综合服务平台是人保财险重磅打造的金融领域领先的农业农村生态系统，它建立农业农村大数据工程，包括农业资源分布智能识别、农作物长势监测、农产品质量安全监管模式、养殖场智能化管理、农业特色产业园物联网解决方案等，以实现农险由分散型管理向数字化管理升级，从传统农险保险管理向精准农业和全方位综合减灾服务全面升级。

（资料来源：张晓锋，郑建斯，谭家富等．看！这十大数字农业创新案例，值得学习［EB/OL］（2020－12－12）［2021－08－10］．http：//www.gd.xinhuanet.com/newscenter/2020－12/12/c_1126853331.htm)

 ### 案例思考

在以上提到的这些创新案例中，有没有你熟悉的企业？请结合你的专业，谈谈未来你能利用所学为家乡做些什么。

案例解读

新时代是数字的时代，传统农业所固有的"看天吃饭、凭经验种地"的问题，都将被数据重新定义。农业数字化需要先行者的探索，如何利用数字化赋能农业发展，是每一个时代新人都应当关注的问题。我国农业产业发展过程中仍面临着价格竞争力偏弱、品牌竞争力不强等问题，在一定程度上阻碍了产业兴旺、迟滞了乡村振兴。为解决农业产业发展中的痛点、难点，需要加大涉农利用的创新投入，提高农业科技自主创新水平，引领和支持农业转型升级和提质增效。身为时代青年，我们也应当立足于专业，主动服务国家乡村振兴战略，在创新创业中了解基本国情，培养实干报国情操，勇担时代发展重任，努力成长成才，汇智聚力，推进乡村全面振兴。

实践任务

 任务一 阅读分享：奋斗之路不止步，创新高峰不畏难

任务名称	阅读分享：奋斗之路不止步，创新高峰不畏难
任务描述	上海国际港务（集团）股份有限公司原副总裁、原技术中心主任包起帆曾说，"艰苦创业的精神是需要的，但更需要智慧，更需要创造性的劳动，我们要在创新的道路上继续前行。"让我们通过自主阅读的方式，一起从包起帆的人生轨迹中探索创造性劳动对于个人职业发展的意义。
任务要求	1. 阅读改革先锋包起帆的事迹，可以结合提供的推荐内容完成任务，也可以利用网络资源进一步了解人物事迹。
	2. 结合自己的阅读体会，完成阅读实践任务，填写任务完成情况记录。
阅读内容	"我走过的路，是一条改革开放40年来一个普通工人命运变迁的路。"上海国际港务（集团）股份有限公司原副总裁、原技术中心主任包起帆说。 科技创新让今天的上海港逐渐成为智慧、绿色港口，而在40多年前，码头作业靠的是肩扛手提、人力捆扎，码头装卸险象环生、事故不断。"是码头的安全问题逼着我开始研究抓斗的。"包起帆说。 不知熬过了多少个不眠之夜，木材抓斗终于研制成功了。新型抓斗成果不仅在全国港口推广，还在铁路、电力、环卫、核能等30多个行业广泛应用，并出口20多个国家和地区，创造了显著的经济和社会效益。包起帆也由此被誉为"抓斗大王"。 20世纪90年代，国有大中型企业遇到了前所未有的困难，港口也是如此。那时的包起帆，来到上海龙吴港务公司，担任经理一职。 创新是唯一的出路。包起帆把目光投向内贸集装箱。1996年以前，我国内贸件杂货水上运输依赖散装形式，内贸标准集装箱运输产业仍是空白。包起帆创造性地提出中国港口内贸标准集装箱水运工艺系统，在1996年12月15日开辟了中国水运史上第一条内贸标准集装箱航线。内贸集装箱不仅搞活了龙吴码头，还带动了产业的大发展。

阅读内容	我国是世界集装箱港口吞吐量第一大国，但在这一领域国际标准的制定中却鲜有中国的声音，更难有拥有自主知识产权的中国发明进入国际标准。将自主创新的集装箱电子标签监控系统推向世界，并制订相关国际标准，成了包起帆创新的又一目标。经过不懈努力，中国集装箱电子标签相关国际标准——ISO 18186（2011）终于正式发布。这成为我国自 1978 年开始参与 ISO（国际标准化组织）活动以来，在物流、物联网领域首个由中国发起、起草和主导的国际标准。 　　40 多年来，包起帆与同事们共同完成了 130 多项技术创新项目，其中 3 项获得国家发明奖，3 项获得国家科技进步奖，36 项获得巴黎、日内瓦、匹兹堡、布鲁塞尔、纽伦堡等国际发明展览会金奖，授权国家和国际专利 50 项。

任务完成情况记录

请你结合包起帆的个人发展历程，谈谈对下面这句话的认识。"我相信，'包起帆'能够被复制，你可以没有学历、没有资历、没有背景，现在还从事着平凡的劳动，但只要努力学习、爱岗敬业、用心做事，就能够在创新的道路上取得成功！"	
包起帆的故事对你今后的工作有什么启示？	

阅读感悟 （400字）	
任务评价	根据学生完成活动情况进行星级评定，填充五角星。
	教师评价 ☆ ☆ ☆ ☆ ☆
	学生评价 ☆ ☆ ☆ ☆ ☆

 任务二 走进展览馆，感受创新的魅力

任务名称	走进展览馆，感受创新的魅力
任务描述	就近参观学校所在地区的博物馆、规划馆、展览馆，通过参观了解我国古代、近代、现代的技术发明创造，以及科学技术的未来发展趋势，感受创新对人们生活、社会发展的重要作用。 如果学校附近没有博物馆、规划馆、展览馆，可以利用网络资源进行线上参观。推荐参观机构：中国国家博物馆、故宫博物院、中国科学技术馆，或者登录中华人民共和国文化和旅游部官网，选择在线文化艺术服务专栏观看展览。
任务要求	1. 提前了解参观地点的基本概况，确定参观内容中是否涵盖"创新"知识点。
	2. 认真阅读馆内展出物品的介绍，并做好相关内容记录，思考这些技术或物品的出现对于人们的生活、社会的发展具有怎样的意义。
	3. 参观过程中遵守展馆的相关要求，做好相应的素材收集与记录，填写任务完成情况记录。

任务完成情况记录

参观感悟 （400 字）	
佐证材料 （参观过程中的图片、 照片等）	
任务评价	根据学生完成活动情况进行星级评定，填充五角星。

任务评价	教师评价	☆ ☆ ☆ ☆ ☆
	学生评价	☆ ☆ ☆ ☆ ☆

 任务三　生活新发现，创新无处不在

任务名称	生活新发现，创新无处不在
任务描述	党的十八大以来，许多创新技术、创新制度的实施让我们的城市与乡村发生了新变化。请你用心观察日常生活中的创新举措，通过走访、查阅资料等方式，详细了解这些创新举措解决了什么问题，认真思考这些创新举措对生活产生了哪些积极的作用，最后在课堂上分享实践成果。 　　本任务可以选择以个人或者团队的形式完成。

任务要求	1. 选择一项创新举措进行观察，了解这项创新举措的诞生以及运用过程。
	2. 尽可能围绕现实生活发现创新举措项目。在本项实践任务的最终评价认定环节将考虑活动的观察对象源自哪里。最优观察对象是从校园生活、家乡生活中选择，其次是从网络资讯中选择。
	3. 以短视频或者PPT的形式归纳总结本次活动，要求在课堂上进行成果展示，展示时间为5分钟左右。
	4. 填写任务完成情况记录。
任务完成情况记录	
完成形式 （选择项打√）	个人（　） 团队（　）团队成员名单及分工：
创新举措描述	
简要说明这项 创新举措的意义	

佐证材料 （活动过程中的图片、 照片、作品图片等）		

任务评价	根据学生完成活动情况进行星级评定，填充五角星。	
	教师评价	☆ ☆ ☆ ☆ ☆
	学生评价	☆ ☆ ☆ ☆ ☆

任务四　我与创新活动的初接触

任务名称	我与创新活动的初接触
任务描述	在我们身边有许多活动平台提供了实施创新活动的机会。请寻找并选择参加其中一项活动，感受创新的魅力。
任务要求	1. 参与一次创新实践活动，如大学生"互联网＋"创新创业大赛、大学生挑战杯比赛、学生社团举办的创新创业类竞赛等。
	2. 根据活动过程，填写任务完成情况记录。

任务完成情况记录

描述活动内容，你在这项活动中主要负责哪些工作	

总结活动参与者应该具备怎样的素质	
在活动过程中是否遇到过挑战或难题?是如何克服的	
活动感悟 (400 字)	
佐证材料 (活动过程中的图片、照片等)	

任务评价	根据学生完成活动情况进行星级评定，填充五角星	
	教师评价	☆ ☆ ☆ ☆ ☆
	学生评价	☆ ☆ ☆ ☆ ☆

实践感悟

创新是一个民族进步的灵魂，是一个国家兴旺发达的不竭动力，也是中华民族最深沉的民族禀赋。创新文化具有强烈的渗透性和责任意识，它不仅是宏观层面的国家倡导，更应体现在百姓日常的思维方式、工作生活方式及交往方式上。创新将在我国迎接新一轮科技革命挑战的征程中发挥应有作用，创造性劳动也将在我国建成社会主义现代化强国的伟大征程中发挥重要作用。

通过本阶段的实践活动，你有哪些收获和感想，请记录下来。

实践感悟

延伸阅读

（1）书籍：《习近平关于科技创新论述摘编》，中共中央文献研究室编。

（2）书籍：《创新意识》，陈敬全、孙柳燕编著。

（3）期刊：《基于企业视角的大学生创新精神培育现状探究》，张娟发表于《未来与发展》，2018，第042卷第002期。

（4）期刊：《工匠精神的历史传承与当代培育》，李宏伟、别应龙发表于《自然辩证法研究》，2015，第31卷第8期。

（5）学位论文：《科技类社团对大学生创新精神培养的策略研究》，辽宁工业大学张蕊撰写。

（6）学位论文：《大学生创新精神培育研究》，湖南科技大学廖永福撰写。

第五篇 服务篇

> 每个人的力量是有限的，但只要我们万众一心、众志成城，就没有克服不了的困难；每个人的工作时间是有限的，但全心全意为人民服务是无限的。
>
> ——2012 年 11 月 15 日，习近平在十八届中共中央政治局常委见面会上的讲话

 任务单

任务目标	1. 深刻理解什么是服务？为什么要服务？进一步明确为谁服务、如何服务等问题。 2. 增强服务意识，提高服务能力，提升服务素养。
任务项目	1. 通过微辩论活动导入问题：什么是服务？为什么要服务？为谁服务？如何服务？ 2. 进行理论学习和案例研讨，探索以上问题的答案，树立正确的服务意识。 3. 完成具体实践任务，增强服务意识，在实践中将服务意识转化为服务行为，提高服务能力，提升自我服务素养。 4. 参与任务评价，记录实践感悟。
实践要求	1. 认真学习理论，搜集资料，积极思考，能够辩证地看待问题。 2. 积极参与实践任务，注重团队合作，注意安全。 3. 按要求提交实践作品，积极分享资料，巩固学习成果。 4. 客观公正地评价他人的实践作品。

活动导入

任务名称	微辩论：为谁服务		
任务描述	确定辩论观点，正方观点：服务是为他人；反方观点：服务是为自己。通过辩论进一步认识服务他人与服务自我的辩证关系，树立为人民服务的意识，在服务人民、奉献社会的实践中完善自我。		
任务要求	1. 设主席 1 人，正、反方辩手各 4 人，计时员 1 人，所持观点抽签决定。		
	2. 立论阶段：由双方的一辩完成，要求立论的框架明确、语言通畅、逻辑清晰，能够正确阐述本方的立场（时间：2 分钟）。		
	3. 驳立论阶段：由双方的二辩进行，旨在针对对方立论环节的发言进行反驳，并补充本方立论的观点，也可以扩展本方的立论方向和巩固本方的立场（时间：2 分钟）。		
	4. 质辩环节：由双方的三辩提问对方一、二、四辩各一个问题，对方辩手分别应答。每次提问时间不得超过 15 秒，三个问题累计回答时间为 1 分 30 秒。问答结束后，由双方三辩作质辩小结（时间：1 分 30 秒）。		
	5. 自由辩论阶段：双方辩手及全班同学都可以参加，辩论双方交替发言，双方均有 5 分钟的累计发言时间，在一方时间用完后，另外一方可以继续发言，直至本方的时间用完。		
	6. 结辩阶段：由双方四辩完成，总结本方观点，阐述最后的立场（时间：2 分钟）。		
任务时间	30 分钟		
任务评价	根据学生完成活动情况进行星级评定，填充五角星。		
	教师评价	☆ ☆ ☆ ☆ ☆	
	学生评价	☆ ☆ ☆ ☆ ☆	
活动总结 （请学生结合主题进行思考，在查询资料、参与活动的基础上完成总结填写）			

理论学习

服务是人的本质的客观要求。马克思揭示了人的本质不是单个人所固有的抽象物，在其现实性上，它是一切社会关系的总和。这一论断说明，任何人都处在一定的社会关系中，都是从事社会实践活动的人。每个人从出生那天起，就同周围的人发生各种各样的社会关系，从属于一定的社会群体，由此决定了没有任何一个人能够脱离社会，单独存在，每一个人必然会处于一定的社会关系网中。在社会关系网中，每个人的需求都依靠他人的劳动和工作获得满足，同理，个人的劳动和工作也满足着他人的需求。例如，学校食堂的厨师为同学们烹饪食物是服务，而厨师外出旅行乘坐动车，会享受动车机组人员的服务，到商场购物会享受导购人员的服务……因此，每个人都离不开服务，都需要服务。

服务既普通平凡又高尚伟大。它并非高不可攀、遥不可及。劳动者或许岗位不同、能力大小也不同，但服务的本质可以通过不同层次、不同形式表现出来。毫不利己、专门利人、无私奉献是服务；爱岗敬业、诚信经营、顾全大局是服务；互帮互助、助人为乐、关爱他人、见义勇为是服务；热心公益、扶贫帮困、扶残助残也是服务；遵纪守法、诚实劳动并获取正当的个人利益同样也是服务。为人民服务是中国共产党的宗旨，这个宗旨体现的就是中国共产党所做的一切事情都是为了满足人民的需求，实现的是人民的利益，所以，这种服务是最高尚、最无私的服务。

案例研讨

案例一　胆气亦英雄——川航机长刘传健

2018 年 5 月 14 日，一件轰动全国的英雄事迹刷爆了朋友圈：川航机长 9000 米高空紧急迫降，力挽狂澜救回百条生命。

媒体纷纷称赞，这是"一次史诗级的降落"。

2018 年 5 月 14 日，川航 3U8633 重庆至拉萨航班执行航班任务时，在万米高空突然发生驾驶舱风挡玻璃爆裂脱落、座舱失压的紧急状况，这是一种极端而罕见的险情。生死关头，刘传健果断应对，带领机组成员临危不乱、正确处置，确保了机上 119 名旅客生命安全。备降成功后，机长刘传健被网友们亲切地称为"中国版萨利机长"。

旅客安全是使命

备降成功后，刘传健面对记者的采访时说道："当时，在近万米高空中，副驾半个身子都挂在飞机外。这次迫降非常难，不是一般的难。飞行途中座舱盖掉落、驾驶舱挡风玻璃爆裂，给驾驶员造成极大的身体伤害。挡风玻璃掉落后，首先面临的就是失压，突然的压力变化会对耳膜造成很大伤害。温度骤降至零下20～30℃左右（监测显示，当时飞机飞行高度为32 000英尺，气温应为零下40℃左右），极度的寒冷会造成驾驶员身体冻伤。在驾驶舱中，舱内的物品都飞起来了，许多设备出现故障，仪表盘被掀开，噪音非常大，无法听到无线电的声音。整个飞机震动也非常大，无法看清仪表，操作困难。瞬间失压和低温让人非常难受，每一个动作都非常困难。当时飞机的速度是八九百公里（每小时），又在那样的高度。我做个形象的比喻：如果你在零下40～50℃的大街上，以200公里的时速开车狂奔，再把手伸出窗外，你能做什么？今天发生的这件事非常罕见，我和我的机组人员非常荣幸能够保证所有旅客的安全。"

过硬的技术和心理素质是保障

在5月14日的突发事件中，为何刘传健能够如此沉着地处置迫降？记者从刘传健的战友赵先生处得知，重庆人刘传健曾历经三道关卡，成为空军第二飞行学院的飞行教员，身高约1.72米的他还是一名优秀的篮球前锋。"他爱锻炼，打前锋位置需要胆子大、敢冲敢闯。再加上飞行员训练，他的心理素质也比较好。我觉得这与他能够迫降成功有直接关系。"赵先生说。在飞行学院期间，刘传健给人的印象除了飞行技术非常好以外，还是一个责任心强、爱学习、对人有礼貌的人。赵先生说，在空军第二飞行学院的飞行训练中，每一个学员都要进行特殊情况处置训练，其中玻璃爆裂后如何处置是必训科目。作为教员，刘传健在多年的执教过程中，带领很多学员进行过这样的训练，这为他处置突发事件打下了基础。

习近平总书记专门邀请川航"中国民航英雄机组"全体成员参加庆祝中华人民共和国成立69周年招待会，并在人民大会堂亲切会见他们，评价他们说："我很感动，为你们感到骄傲。授予'英雄机组''英雄机长'的光荣称号，你们是当之无愧的。"

（资料来源：央视网. 胆气亦英雄——川航机长刘传健［EB/OL］（2019-02-19）［2021-08-10］. http://tv.cctv.com/2019/02/19/VIDERUKlgCPXOQVULmlQWxw5190219.shtml）

 案例思考

川航机长刘传健的事迹给我们带来什么启示？

 案例解读

从川航机长刘传健的英雄事迹中可以看到，在当时紧急的情况下，刘传健和机组成员能够沉着应对、妥善处置，承担起了航空从业人员的安全职责。撑起这个职责的是长期养成的服务责任感和日积月累的服务意识。这位机长时刻牢记保证所有旅客的安全是自己的服务使命，这份使命促使他不断提升自己的专业技术水平和锻炼自己的心理，增强自己的服务责任感，在面对突发情况时，能够临危不惧、临危不乱、沉着冷静。正如《感动中国》组委会给予刘传健的颁奖词写的那样：仪表失灵，你越发清醒，乘客的心悬得越高，你肩上的责任越重，在万米高空的险情中如此从容，别问这是怎么做到的，每一个传奇背后都隐藏着坚守和执着。

川航机长刘传健的事迹告诉我们，每个人都要坚定服务意识，在坚定的服务意识的指引之下，个人更能爱岗敬业，履行岗位职责，敢于担当。同时，在日常的学习生活中，我们要加强学习，提升专业技术技能，增强综合素质，提高服务能力，更好为他人和社会服务。

案例二　照亮大山女孩的梦想

今年高考期间，云南省丽江市华坪女子高中校长张桂梅又登上了微博热搜，视频画面让人动容：她拖着病躯、忍着疼痛站在风雨里，为学生壮行加油；她躲进办公室、隔着窗户，目送学生高考结束离校，"年龄大了，还真受不了和学生面对面告别！"

扎根贫困地区 40 余年，张桂梅默默耕耘、无私奉献，创办全国第一所全免费女子高中，帮助 1 800 多名贫困山区女孩圆梦大学，用教育阻断贫困代际传递，用爱心和智慧点亮万千乡村女孩的人生梦想。

忠诚——
"我是个党员"

在华坪县档案馆五楼，工作人员打开了编号从 231 到 238 的档案柜，里面摆满了张桂梅的各种荣誉证书等，共有 200 多件。

张桂梅，1957 年 6 月生，从小就接受革命传统教育，上学后一直是班上的文艺骨干，初中时曾在学校主演过歌剧《江姐》。革命先辈的精神深深影响了她。在接受记者采访时，张桂梅随口就能唱出一段："看长江战歌掀起千层浪，望山城红灯闪闪雾茫茫……"

18 岁时，张桂梅来到云南，支援边疆建设。她开始在林业企业做行政，后因林业子弟学校缺少教师，她就转岗从事教学，还带出了不错的毕业班。再后来，张桂梅考取师范学校，毕业后和丈夫到大理教书。丈夫不幸因病去世后，1996 年，张桂梅离开大理喜洲，调到条件相对较差的丽江华坪中心中学教书，后又调到刚组建的民族中学任教。

1997 年，张桂梅查出患有重病，校园里几百米的路得一步步挪，时常疼得汗如雨下。同事们半夜送她去医院，熬好中药送到她宿舍；在县妇代会上，代表们现场给她捐款，县长说"我们再穷也要治好你的病"。谈及这么多年的坚持，张桂梅说："我的初心就是报恩，要回报这片热土。"

在教学中，张桂梅发现很多贫困家庭的女孩早早就辍学了，这让她产生了创办免费女子高中、"改变山里三代人"的想法，并为之奔走。在丽江市和华坪县支持下，2008 年 8 月，华坪女子高级中学建成。

办校 10 多年来，张桂梅拖着病体忘我工作，家访超过 1 600 户，行程 11 万多公里，走到了大山里许多"汽车轮子到不了的地方"。她无数次掏出自己的工资扶危济困，甚至协调给乡亲们引水修路。张桂梅曾说："如果说我有追求，那就是教育事业；如果说我有动力，那就是党和人民！我是个党员，党员为群众办事，没有什么该不该管的！"

初到华坪，张桂梅遭遇了人生最低谷，创办女子高中，她历尽万难，也曾一度想放弃。同记者聊开后，张桂梅说："我能挺过来，一是最困难的时候拿自己和革命先辈比比，觉得也没那么难；二是做事不能心里老有个我，忘了自己、忘了病痛，事情更容易办成；三是咬牙坚持，熬过今天，或许明天就有希望了。"

忘我——
"她是把自个儿都舍出去了"

"她身上那么多病，多休息休息不好吗？"说起张桂梅，相识多年的王秀丽既心疼又钦佩。

"那怎么可能！"对于"多休息"这个提议，张桂梅不仅表示"万万不能"，还反问："你休息了，没人拿喇叭喊了，校长不陪她们读书了，女高还是女高吗？"

王平是张桂梅在华坪民族中学任教时教过的学生，如今在四川攀枝花市纪委工作。休假时，他专程来看望张老师。追忆过往，王平说："张老师平日住在学校，对学生像妈妈一样关心。"张桂梅不仅节衣缩食帮助困难学生，还把丈夫留下的唯一一件毛背心也给了学生……

华坪县教育党工委办公室主任毛庆法，曾和张桂梅共事6年多。毛庆法说，张老师对学生的深爱是一以贯之的，有些孩子不守纪律翻墙出去到网吧打游戏，张老师就搬到学生宿舍住下看着。如今，张桂梅仍旧睡在女高学生宿舍门口的第一张床上。

2001年，华坪县儿童福利院（华坪儿童之家）开办，捐助方希望张桂梅兼任院长。就这样，无儿无女的张桂梅，成了54名孩子的妈妈。也是在那一年，赵建英到福利院工作，如今已满20年，她见证了院里经费最紧张时张老师带着孩子们到街上卖玩具贴补经费的情景，也见证了一拨拨孩子长大成人。20年间，福利院先后收养了172名孩子。赵建英感慨："张老师对孩子们真好。"2008年，记者到此采访曾巧遇张桂梅的姐姐，说到干起工作来不管不顾的妹妹，姐姐说："她是把自个儿都舍出去了。"

传承——
让学生"脚下有路、眼前有光"

早晨，华坪女子高中的学生五点半起床，5分钟洗漱完毕，跑步上下楼梯；课间出操，她们一分钟就站好队；下课铃声响起，跑到食堂排队、打饭并把饭吃完，她们要在10分钟内完成……也许有人会问，这样的管理方式是否严格了些？王秀丽从2008年起，就跟张桂梅到女高学生家中家访，她说："当你看到一个家徒四壁的母亲，把女儿的奖状一张张铺在地上，那种自豪可以点亮整个昏暗的房间，你就能理解张老师了。"

十几年来，华坪女高探索形成了"党建统领教学、革命传统立校、红色文化育人"的特色教学模式，用红色基因树人铸魂。张桂梅相信：只要有党组织和党员在，就没有克服不了的困难。对红色教育，张桂梅想得很深：高中阶段，学生思想敏锐、可塑性强，正是信仰确立的关键时期。红色基因的传承，并不只是知识讲授，而是涉及学生的心灵塑造，能让学生们远方有灯、脚下有路、眼前有光……

多年来，一批又一批学生走出华坪女子高中。"她们像种子一样散落在滇西北的大山，改变正在一点一滴发生，当年撒下的种子已经开始开花结果了。"毛庆法说。

"七一勋章""全国脱贫攻坚楷模""全国优秀共产党员""全国先进工作者""时代楷模"……对于荣誉，张桂梅很淡然，她说："我就是个山村女教师，还是个老党员，事情不是我一个人做的。"

这名老党员身上的光和热，就像"峡谷里的灯盏"。她把自己活成了一盏明灯，照亮大山女孩的梦想，影响着越来越多的人。

［资料来源：徐元锋．云南省丽江华坪女子高级中学党支部书记、校长张桂梅——照亮大山女孩的梦想［N］．人民日报，2021－07－17（04）］

 案例思考

为什么张桂梅能够扎根贫困地区40余年办教育？

 案例解读

张桂梅扎根贫困地区40余年办教育，她忘我投入，把自个儿都舍出去了，这是因为她怀着一颗为乡亲们服务之心。这颗服务之心，使她对自己的工作岗位有着强烈的责任感、使命感和满满的自豪感，让她在面对艰难险阻时丝毫也不畏惧。

张桂梅的事迹让我们认识到，服务既平凡又高尚，无论能力大小、岗位高低，只要有一颗服务之心，在岗位上尽责尽职，就是为他人和社会服务。一个人如果只考虑自己利益的满足，他在岗位上就会表现出敷衍的状态，其职业发展空间也是有限的。只有真正做到为他人和社会服务，自己才会有强大的精神力量支撑，才会有无限的自豪感、荣誉感和成就感。因此，每个人都应该热爱自己的工作，干一行爱一行，那既是服务他人和社会，也是服务自己。

 案例三　他凭什么拿到老员工的奖励？

林宇是个退伍军人，几年前通过朋友介绍来到一家工厂做仓库保管员，虽然干的是按时关灯、关好门窗、注意防火防盗等琐事，但他却非常负责，一点儿也不敢疏忽大意。林宇不仅每天做好来往工作人员的提货日志，将货物提放得有条不紊，而且还从不间断地坚持对仓库进行彻底地打扫清理。3年来，仓库没有发生一起失火、失盗案件，工作人员提货时，每次都能轻而易举地找到所要提取的货物。在工厂建厂20周年庆典大会上，厂长按老员工的级别，亲自为林宇颁发了5 000元奖金。一些老员工对此感到意外：林宇才来厂里3年，凭什么拿到老员工的奖励啊？

调研的收获和体会	
佐证材料 （调查活动中的图片、照片等）	
任务评价	根据学生完成活动情况进行星级评定，填充五角星。

任务评价	教师评价	☆ ☆ ☆ ☆ ☆
	学生评价	☆ ☆ ☆ ☆ ☆

任务三　我的志愿服务行动

任务主题	我的志愿服务行动
任务描述	积极参加支教、学雷锋等志愿服务活动，培养服务意识，提高服务能力。
任务要求	1. 以个人或小组形式利用课后时间积极参加志愿服务活动。
	2. 记录志愿服务活动过程及感悟。
	3. 在课堂上或线上分享参与志愿服务活动的感悟。

任务完成情况记录

志愿服务方式 （选择项打√）	支教（　　）　　　　　养老院志愿服务（　　） 学雷锋活动（　　）　　社区志愿服务（　　） 三下乡志愿服务（　　）　其他（请写明）：
志愿服务地点	

志愿服务时间	
完成形式 （选择项打√）	个人（　　　） 团队（　　　）团队成员及分工：
实践过程及内容	
实践感悟 （400字）	
佐证材料 （服务过程中的图 片、照片等）	

任务评价	根据学生完成活动情况进行星级评定，填充五角星。	
	教师评价	☆　☆　☆　☆　☆
	学生评价	☆　☆　☆　☆　☆

任务四　我所知的便民举措

任务名称	我所知的便民举措
任务描述	服务无处不在，我们每个人都是服务的主体，同时也是服务的客体。讲述自己所知、所享受的便民服务举措，体会这些便民举措带来的幸福感和获得感。
任务要求	1. 列举自己所知的便民举措。
	2. 谈谈这些便民举措给人们的生活带来了哪些变化。
	3. 对所知的现有便民举措提出一些改进建议。
	4. 在课堂上或线上分享实践成果。

任务完成情况记录

列举所知的便民举措	
这些便民举措给你和家人、朋友的生活带来了什么变化？	
你认为如何完善现有的便民举措？	
任务评价	根据学生完成活动情况进行星级评定，填充五角星。

任务评价		
	教师评价	☆ ☆ ☆ ☆ ☆
	学生评价	☆ ☆ ☆ ☆ ☆

实践感悟

一个人的能力有大小、职业有不同、职位有高低，但一个具有为人民服务意识的人，必定会自觉地把个人之小我融入社会之大我，不为狭隘私心所扰、不为浮华名利所累、不为低俗物欲所惑，辛勤劳动、无私奉献，和千千万万个劳动者共同推动社会进步，创造不朽的业绩。

通过本阶段的实践活动，你有哪些收获和感想，请记录下来。

实践感悟

延伸阅读

（1）书籍：《职业基本素养》，刘兰明主编。

（2）书籍：《服务其实很简单》，刘建军编著。

（3）书籍：《服务就是竞争力》，钟永森编著。

（4）网络资源：央视网《时代楷模》发布厅，http：//news. cctv. com/special/sdkmfbt/

（5）网络资源：央视网《2018 年最美城乡社区工作者》发布仪式，http：//tv. cctv. com/2019/03/01/VIDEAICns89vhoKMcB7pO8HX190301. shtml

（6）网络资源：央视网"闪亮的名字"《2019 年最美铁路人》发布仪式，https：//tv. cctv. com/2020/01/10/VIDEQRvDFUVWTxa3zlifIdSL200110. shtml？ spm ＝ C55953877151. PXXwefeHcOAR. 0. 0